I0145464

Todos los libros de Linkgua Ediciones cuentan con modelos de Inteligencia Artificial entrenados por hispanistas. Pregúntale al chat de tu libro lo que desees acerca de la obra o su autor/a.

Para ebooks: Accede a nuestro modelo de IA a través de este enlace.

Para libros impresos: Escanea el código QR de la portada con tu dispositivo móvil.

Obtén análisis detallados de nuestros libros, resúmenes, respuestas a tus preguntas y accede a nuestras ediciones críticas generativas para una experiencia de lectura más enriquecedora.
La transparencia y el respeto hacia la autoría de las fuentes utilizadas son distintivos básicos de nuestro proyecto. Por ello, las respuestas ofrecen, mediante un sistema de citas, las fuentes con las que han sido elaboradas.

Juan Álvarez Guerra

Viajes por Filipinas

Barcelona 2024
Linkgua-ediciones.com

Créditos

Título original: Viajes por Filipinas.

© 2024, Red ediciones S.L.

e-mail: info@linkgua.com

Diseño de cubierta: Michel Mallard.

ISBN rústica ilustrada: 978-84-9816-708-5.
ISBN tapa dura: 978-84-9953-661-3.
ISBN ebook: 978-84-9897-093-7.

Cualquier forma de reproducción, distribución, comunicación pública o transformación de esta obra solo puede ser realizada con la autorización de sus titulares, salvo excepción prevista por la ley. Diríjase a CEDRO (Centro Español de Derechos Reprográficos, www.cedro.org) si necesita fotocopiar, escanear o hacer copias digitales de algún fragmento de esta obra.

Sumario

Brevísima presentación

La vida
Juan Álvarez Guerra fue un escritor y periodista nacido en España.

Este libro fue escrito en 1871 por encargo del gobernador general de Filipinas, Rafael Izquierdo. La obra recoge datos relevantes de carácter etnográfico, geográfico, histórico y político sobre la entonces colonia española.

Al Excmo. señor don Germán Gamazo
«Dedica este libro como prueba de gratitud y respeto»
Juan Álvarez Guerra

Capítulo I. Quietismo

«Fiebres termométricas.» «Don Francisco.» Una carta y
una visita. Proyectos de viaje. El «Sorsogon». Fisonomía
del capitán. Cubierta del «Sorsogon». Faenas de levar.
En marcha. Bandera de saludo. Bahía de Manila. Naig.
Bataan. Primer almuerzo. Luis. Monomanía francesa.
Dos mestizas y un fraile. Razas. Gustos y aficiones. «El
puerto y la isla.» Cavite y San Roque. Enriqueta y Matilde.
Costas de Tayabas. La oración de la tarde. Francés y vicol.
Fuegos artificiales. Discreteos. El cementerio protestante.
Promesa. Sueño. ¡Fondo! Tierra de Albay

Son las cuatro de la tarde del 3 de octubre de 1879 ... 37°
marca el centígrado, y doscientas y pico de muertes acusa la
fúnebre estadística de la última semana, siendo originadas en
su mayor parte por una fiebre que los médicos llaman no sé
cómo, ni me importa, pero que yo le doy el nombre de «fiebres termométricas», pues he observado que en casa donde
un doctor «aplica» un termómetro, hay una baja en la vida,
un pedazo de mármol menos en los talleres de Rodoreda, y
una página más en los registros trienales de «Paco».

El «alquiler» de cualquiera de los cuartos de los tres pisos
que tiene la «barriada» de mi respetable «señor don Francisco», exige un pago adelantado de tres años; si al cabo de
ese tiempo no se renueva el inquilinato, se hace el desahucio
a golpe de piqueta, sin que nadie tenga derecho a quejarse,
puesto que el «casero», por «boca» de la «Gaceta», tiene la
magnanimidad de conceder un plazo de veinte días.

¿Por qué se llamará «Paco» al campo-santo? Pregunta es
esta a la que jamás han podido darme contestación.

Mientras hago estas observaciones, espanto los mosquitos, rompo el varillaje de un paypay y empapo de sudor dos pañuelos.

Ha pasado un cuarto de hora y el calor es insoportable.

Mi «bata», que para ser un completo caballero solo le falta haber nacido en una cuna más alta, me alarga una carta, cuyo contenido me anuncia una espera en la visita de un amigo.

Del recibo de la carta al taconeo de mi amigo medió una hora larga, hora que no puedo datar en mi diario de trabajo, pues la despilfarré con la prodigalidad propia de un millonario, o de un escéptico de veinte años.

Mi amigo, que se anunció con un resoplido digno de mejores pulmones —pues el pobre no los tiene muy sanos— tomó sillón y alientos.

—¿Has recibido mi carta?

—Sí.

—¿Presumes a qué vengo?

—No.

—Pues vamos al grano. ¿Quieres acompañarme a un viaje?

—¿Por mar o por tierra?

—Por mar.

—Pero ¡hombre! tú estás empecatado. Es la época de los baguios. «El Comercio» no duerme por observar las burbujas del Pasig, «La Oceanía» mira de reojo a su vecino de enfrente, y el «Diario» profetiza, por boca de no sé quién, que el tifón está poco menos que soplando en los aldabones de la puerta de Santa Lucía, y piensas en viajitos por mar. Vaya, vaya, tú estas malo y tratas de contagiarme.

—Pero, en fin, ¿me acompañas o no?

—Te lo diré cuando contestes a varias preguntas:

¿Adonde vamos, o mejor dicho, adonde piensas que vayamos?

—Vamos —dijo mi amigo con todo el entusiasmo de un «touriste» de pura raza— a la cuna del «abacá», a la tierra de los volcanes, a dormir dos noches a la falda del Mayon, a pisar la boca de su cráter, a ser posible; a Albay, en fin.

—¿Quién manda el vapor? Pues presumo no pensarás en barco de vela.

—El barco se llama «Sorsogon» y lo manda X. Conque ¿te decides o no?

—Te repito que cuando contestes a todas mis preguntas lo haré a la tuya. Deseo saber de dónde es el capitán, su edad, estado, carácter, circunstancias de su mujer, sí es casado, si tiene suegra, hijos, fortuna y...

—Quién es el sastre que lo viste y qué come, ¿no es verdad? Ni que esto fuera una oficina de policía o una expendeduría de pasaportes. Ya estoy acostumbrado a tus genialidades, y como quiera que conozco perfectamente al capitán, puedo decirte es andaluz, joven, de buen humor, casado, su mujer es guapa y lo hace completamente feliz; tiene un chiquitín muy mono, algunos miles de pesos y no conoció a su suegra.

—¿Cuándo sale el vapor?

—El sábado cinco a las nueve de la mañana.

—¡Quico! —grité a mi criado—. Ten todo listo para embarcarnos el sábado de madrugada.

—¿Luego vienes? ¿Luego no tienes miedo a los baguios?

—¡Baguios! Baguios montando un buen barco mandado por un capitán inteligente, y por ende andaluz y joven, y rico, y con mujer guapa, y con hijos, y feliz, y sin suegra, no hay temor; yo no tengo nada de eso, su vida responde de la mía, de modo que «él cuidado»; por otra parte, me seduce este viaje, pues estoy aburrido de Manila y deseo conocer los pueblos bicoles. Toca esos cinco, y hasta el sábado a bordo del «Sorsogon».

Mi amigo se marchó, yo me vestí y...

Han pasado dos días. Son las siete de la mañana y nos encontramos sobre la cubierta del «Sorsogon». Un prolongado silbido pone en movimiento cadenas, cuerdas y motones.

El complemento de la humana actividad, lo representa el acto de levar un barco. Todo se mueve, todo cruje, todo rechina. El ancla desgarra con sus dientes el lecho de algas en que ha dormido, el carbón chisporrotea en las parrillas dando aliento a los pulmones de acero de la caldera, los engranajes se ajustan, las dobles poleas hacen alarde de su potencia, las burdas, cabos y calabrotes, prueban su elasticidad, las cadenas hieren la cubierta, y en medio de toda aquella vida y de aquel movimiento en que nada está quieto, el barco se columpia libre de toda traba, combinando las palas de la hélice en el fondo de las aguas espirales remolinos que llevan a la superficie entrelazadas ondulaciones en las que se tejen las filigranas de espuma que deja en pos de sí la bullente estela.

El «Sorsogon», que obedece las riendas de su timón con una precisión matemática, dobla el malecón del Sur plegando su bandera de saludos, con la que ha dado un cariñoso adiós al «Marqués del Duero», una de las más hermosas naves de la Marina española.

De la bandera que saluda en lo alto de un trinquete a la que flamea en lo elevado de un muro, encuentro la misma diferencia que en el pañuelo que absorbe una lágrima al que reprime una sonrisa. El muro acusa confianza, su enseña define una patria; la nave indica un peligro, su bandera constantemente escribe en sus pliegues un desconsolador adiós de despedida. El primero, es la quietud, la segunda, el errante viajero que termina sus días o en la inhospitalaria playa que sepulta sus despojos, o en las embravecidas ondas que en vertiginoso remolino lo llevan a dormir el sueño eterno a sus misteriosos lechos de coral...

El «Sorsogon» navega a toda máquina por la extensa bahía.

Manila se achica, se contrae, se confunde, y por último, al aclararse las costas de Cavite, solo una faja de bruma señala en el horizonte el lugar de partida. Después, solo el anteojo percibe cual blanca gaviota posada sobre un copo de espuma, el torreón del faro: más tarde, la espuma se funde en el Océano, la gaviota desaparece en los mundos de la luz, la bruma se disuelve en los cielos, y al borrarse en la retina la última línea de la ciudad murada, se abre un nuevo registro en los misterios de los recuerdos.

A la banda de babor tenemos las costas de Naig; a estribor las agrestes sierras de Bataan, y a proa la isla del Corregidor.

Once campanadas resonaron en la cámara, y tres golpes fueron picados en la campana del castillo de proa.

El almuerzo estaba servido.

La presentación oficial a bordo se hace siempre en la primera comida. Al tomar posesión de un barco, cada cual se ocupa en arreglar su camarote, y en los pequeños detalles que trae en pos de sí la instalación en un nuevo domicilio, por más que esté reducido a un cajón de dos metros en cuadro.

En la primera comida a bordo no se descuida ningún perfil por parte de los viajeros. Luego más tarde entra la confianza y con ella el desaliño; pero lo que es la entrada primera en el comedor de un barco es irreprochable. «Ellas» se rodean de todos los pequeños detalles de la coquetería, estrenando, por supuesto, el indispensable traje de viaje. Antes de ponerse en marcha tienen que anunciarlo a las amigas, y al anunciarlo es preciso enseñar unas cuantas varas de tela cortadas y cosidas con arreglo al último figurín. El traje de viaje es tan indispensable como el de boda. Decir a una joven o vieja que «encienda» la antorcha de himeneo sin recubrir previamente su cuerpo con trapos nuevos y de seguro no da «chispas»: anunciarle un viajito, que tenga siquiera un trayecto de una veintena de millas y no le presentéis antes un muestrario, y no hay viaje posible. Para una mujer «en viaje», su verdadero pasaporte es una factura pagada o no pagada de una tienda de modas.

Parapetado tras una tripuda botella de lo tinto, y haciendo boca con media libra de salchichón, esperaba pasar una escrupulosa revista a cuanto se pusiese al alcance de mi vista.

Puesto que entre personas de tono, lo primero es la presentación, voy a ir presentando a mis bellas lectoras, y digo lectoras porque ellas son siempre más curiosas que ellos, los bocetos de mis compañeros a bordo. Seis blancas servilletas oprimidas en otros tantos aros de marfil, se ven sobre la mesa. Tres son las desconocidas o desconocidos que me toca bosquejar, pues en cuanto al capitán y a mi amigo, ya los han visto ustedes, siquiera haya sido a la ligera. En el boceto del capitán poco tengo que añadir. ¿Quién de mis lectoras no conoce a un andaluz joven, buen mozo, bullanguero y galante? De seguro todas. Por lo tanto, al capitán ya lo conocemos. En cuanto a mi amigo, completaremos el cuadro con cuatro brochazos. Se llama Luís, tiene veintiséis años, es rubio, alto, delgado, viste a la francesa, come a la francesa, piensa a la francesa, y no es francés porque su madre tuvo la debilidad de aligerar su carga en cierto lugarejo del prosaico garbanzo y de la judía, que Luís jamás nombra porque cree es poco francés.

Luís se llama literato; pero conoce más a Balzac que a Cervantes, tararea música, pero a buen seguro que no podrá recordar un «aire» de Barbieri más siempre una «cancionette» de Ofembach. La revolución francesa, las jornadas del imperio y las encrucijadas de la «Commune» las recorre sin tropezar; en cambio da sendos traspiés al entrar en el campamento de Santa Fe o al pasear los campos de Almansa y de Bailén. A nuestras góticas catedrales y a nuestros moriscos palacios les encuentra el defecto de que al pié de sus muros se alce la albahaca silvestre y el agreste tomillo, circunstancias poco en consonancia con los monumentos franceses.

Luís, no tocándole la cuerda del «chic», el «esprit» y el «confort», es un perfecto hombre en su juicio; pero en cuanto se traspasa el tabique de los Pirineos, enristra la lanza de Don Quijote y demuestra que en todos los siglos nacen andantes caballeros. Luís tiene todas las condiciones para ser feliz, y sin embargo, no lo es. Continuamente le atormenta la idea de que no le planchan los cuellos a la francesa, y la de que no toquen los barcos de las mensajerías en Manila. La probabilidad de tenerse que ir en un barco español y el ponerse un cuello planchado con «morisqueta» le hacen completamente desgraciado.

En el tiempo que he invertido en dar los anteriores brochazos, han ocupado sus respectivos sitios dos mestizas, una vestida de saya y otra a la europea, y al lado de aquellas un anciano y reverendo padre franciscano.

El almuerzo era servido sobre cubierta, gracias a la amabilidad del capitán. Un doble toldo nos preservaba del Sol, mas no de las brisas marinas que acariciaban los festones de la lona y de la potente luz de los trópicos que descomponía sus rayos en las talladas copas.

Las dos mestizas comían y callaban, el capitán servía, el fraile se reservaba, Luís mascullaba el prosaico español cocido, y un servidor de ustedes espiaba la ocasión para tomar un buen punto de luz que llenase por completo a mis modelos. Sobre la paleta tenía combinadas dos tintas desde que principié a analizar a las dos mestizas que comían frente a mí. Es imposible contemplar en criatura humana unos ojos más negros y aterciopelados, cual los que tenía delante, un pelo más en armonía con los ojos, y unos dientes más en contraposición con el color del pelo. Las dos mestizas indudablemente eran hermanas y no diré gemelas, pues a simple vista se notaba entre ambas una desproporción de edades, que si no llegaba a la suposición de que fuesen madre e hija, en cambio completaba la de que eran hermanas. En sus fisonomías había rasgos salientes y notablemente acentuados, que denunciaban la unión de la raza europea con la raza india. La mestiza que lleva en sus venas una sola gota de sangre china, jamás puede confundirse ni con la cuarterona ni con la mestiza de india y europeo. Es imposible encontrar en las razas humanas una fuerza de atracción como la que se nota en la china y japonesa. Que haya unión de chino y europea o viceversa, y de seguro los hijos son chinos; que la haya de india con chino y la prole es china y siempre china, no dándose ni aun el caso del salto atrás, pues tan chino es el biznieto de chino como el tataranieto, por más que este nazca en Europa y no se conozca en la familia el más leve recuerdo del Celeste Imperio. Los ojos chinos no los corrige ni las conjunciones de sangre, ni el bisturí del operador, ni los cosméticos del tocador. La hija de mestiza europea y de padre europeo, o sea la cuarterona, también se distingue y se define perfectamente, no dando lugar a que se confunda con la mestiza pura de india y europeo. Esta última es morena, sus ojos por lo regular son negros, su nariz algo deprimida, su pelo largo y de gruesa hebra y sus labios ligeramente abultados. El rasgo característico que define a la cuarterona de la mestiza, es que esta última conserva en toda su pureza las tradiciones de su airoso y pintoresco traje. La saya suelta, la diminuta chinela, la bordada piña, el alto «pusod», la aplastada peineta y los pequeños aretes, constituyen su atavió, que jamás deja, a no ser que la Epístola de San Pablo se encargue de modificar trajes y costumbres, cosa que suele acontecer, casándose con europeo. En este caso, una de dos: o el europeo se hace indio o la india se hace europea; y digo india, pues que las costumbres de la mestiza por regla general, son las mismas de su madre. Las impresiones, hábitos y costumbres de la infancia no se borran con facilidad; así que la morisqueta, el lechón, el pequeño «buyito», el «lancape», el petate en el suelo, el cigarrillo a hurtadillas, el pelo suelto y la decidida afición al «poto», a la «bibinca», al «sotanjú», a la «manga verde» y al «gulamán» es muy difícil hacerlas olvidar: en cuanto a que dejen de coser sentadas sobre el petate y a que hablen castellano con sus criadas, eso es imposible. En cambio en la cuarterona es muy común encontrar tipos que no solamente no usan chinelas, sino que aun dentro de casa están oprimidas con el corsé y las botitas; cuarteronas que dicen no hablan tagalo, ni comen lechón ni morisqueta y que tienen cama en alto, suscripción a «La Moda Elegante», batas encañonadas, pendientes largos y escote cuadrado. En reserva les diré a ustedes que con mucho sigilo me dijo en una ocasión una india que servía a una mestiza cuarterona, que o pesar de todo cuando decía su ama, de cuando en cuando mascaba un chiquirritín «buyito» y saboreaba un cigarrillo; pero que siempre lo hacía teniendo cerca el cepillo de los dientes y el agua perfumada. En cuanto al lechón —me dijo la doméstica— que solía comerlo, pero pura y exclusivamente por no «desairar» a alguna amiga.

Con arreglo a los anteriores apuntes, no nos cabe duda que nuestras dos desconocidas son mestizas de pura raza: el traje de la mayor hace suponer que es casada, y casada con europeo.

Durante los primeros platos que se sirvieron no tomaron parte en la conversación.

Miraban y comían con el embarazo propio de quien sabe es observado. Varias veces que la hermana menor alzó los ojos, encontró frente a frente los míos, que procuraban investigar lo que se albergaba tras aquellas negrísimas pupilas. El fondo de todo abismo es negro. Los ojos de la primera mujer que pecó no sé de qué color serían, pero los de la primera que obligó a pecar, de seguro eran negros.

Habiendo notado que por momentos se cubría de palidez el rostro de la más joven, no pude menos de interrogarla; su hermana se fijó un ella y repitió mi pregunta, con las circunstancias de hacerla más familiar y concluirla con un nombre. ¿Qué tienes, Enriqueta?

—Nada —replicó la interrogada—, sin duda un poco de mareo. Vamos —continuó aquella—, está visto que no puedes embarcarte ni en un bote; y es extraño; pues figúrense ustedes —añadió dirigiéndose a nosotros—, que está bien acostumbrada a la mar, pues ella es del Puerto y yo de la Isla.

—¡Caramelo! —dije en mi interior—, pues menudo chasco me he llevado, yo que creía habérmelas con dos hijas de este extremo Oriente y me encuentro de manos a boca con Cádiz y San Fernando disfrazados de saya y «candonga».

—Bien, pero esta señorita se embarcaría en ferrocarril.

—¡Cá! No señor —replicó aquella con la mayor naturalidad—, siempre nos hemos embarcado en «baroto» o en «parao».

—Pero, señora, ni en Cádiz ni en San Fernando hay barotos, ni menos «paraos».

—Pero sí en Cavite y en San Roque.

—¡Ah! vamos, con que esta señorita es de San Roque y usted de Cavite.

—Cabal, ella del Puerto y yo de la Isla.

Entonces recordé que las caviteñas se llaman andaluzas, conociendo a Cavite por el nombre de la Isla y a San Roque por el del Puerto, siendo tan «marineras» y tan resaladísimas las dichosas niñas, que en una ocasión una de aquellas, que veía que a un chiquillo lo iba a tirar el caballo que montaba, le gritó:

—¡«Fondea», muchacho, «fondea»!

El mareo de Enriqueta debió ir en aumento, pues antes de concluir la comida se levantó, diciéndole a su hermana:

—Acompáñame, Matilde.

Enriqueta y Matilde, pues ya sabemos sus nombres, abandonaron la mesa, quedando solamente el sexo fuerte.

El almuerzo terminó, y siguiendo la añeja costumbre, el fraile se despidió de nosotros para buscar una tranquila y cómoda digestión en unas horas de siesta. En la ligera conversación que tuvimos durante el café, supe que aquel reverendo padre hacía la friolera de cuarenta y siete años que arribó a estas playas. Mientras saboreó el café habló largamente con su criado, quien en su larga práctica de quince años que estaba a su servicio, debía conocerle perfectamente sus gustos y necesidades. Siento no poder trasladar ni una sílaba de lo que se dijeron, pues lo hicieron en bicol, única forma de entenderse, pues el criado no conocía ni una sola palabra de las que forman la rica y armoniosa lengua castellana.

Sentados en cómodos sillones de bejuco y aspirando, sino el aroma, por lo menos el humo de un segundo habano, quedamos sobre cubierta, Luís, el capitán y mi persona. Se habló del viaje, de las costas que íbamos perdiendo en los horizontes y de varios episodios de abordo, quedando, por último, en silencio, aletargados de esa dulce somnolencia a que predispone un buen almuerzo, una temperatura agradable y una retorcida hoja de Cagayan.

Las horas de la tarde fueron anunciándose una a una en los golpes del bronce, dados por el vigilante guarda de proa.

A las cinco se sirvió la comida.

Las mestizas no se presentaron.

La mar se había rizado a las caricias de un fresco Noroeste.

Los balances cada vez más sensibles avivaron la comida, que fue servida en la cámara.

Cuando subimos sobre cubierta se desvanecía en los horizontes del Poniente la luminosa transparencia del día, yendo poco a poco borrándose los contornos de los monstruosos grupos que dibujan en las nubes los últimos destellos del Sol.

A la tenue y melancólica luz del crepúsculo divisamos a la banda de babor una cenicienta faja. Eran las costas de Tayabas. Sobre aquellos picachos de eterna verdura fijaba mi vista con la misma insistencia con que lo hace el que trata de reconocer a larga distancia las facciones de un ser querido.

La campana de proa anunció la oración.

La marinería cesó en sus faenas, reinó el silencio y la plegaria alzó su vuelo a otros mundos. La mía fue un recuerdo para los seres queridos que habitan aquella lejana tierra que iba perdiéndose entre los crespones de la noche. El nombre de Tayabas arrancará siempre una vibración a nuestra alma.

Concluida la oración nos dimos las buenas noches, siguiendo las legendarias costumbres de nuestros abuelos, cubrimos nuestras cabezas y tomamos asiento al abrigo de la camareta del timón.

En una de las discusiones que se suscitaron, Luís, siguiendo su eterna manía, trató de convencer al padre de que el guingón que se fabricaba en Francia aventajaba en mucho al que producen los telares de Barcelona; el buen padre que no conocía Francia, ni su guingón, que era español rancio y por ende castellano viejo, que se levantaba invariablemente a las cinco, comía la prosaica olla con mucho azafrán, sobra de jamón y falta de huesos, a las doce, que la monumental jícara de espeso chocolate le era tan necesaria al cuerpo a las cinco, como necesarios para la guarda de su regla los maitines a las doce, oía sin pestañear a mi buen amigo Luís, sonriendo maliciosamente. En el curso de la conversación, Luís mezclaba no pocas palabras francesas. El padre tenía constantemente detrás de su sillón a su criado, quien encendía más de una caja de fósforos para cada tabaco que fumaba su amo. Siempre que este dirigía la palabra a aquel lo hacía en bicol, de modo que como el abuso del francés en Luís era muy frecuente y los fósforos en el doméstico no lo eran menos, puede asegurarse que la lengua española estaba en minoría. En un momento en que Luís se separó de nosotros, no pudo por menos de decirme el padre:

—Pero, diga usted, ¿por qué no quita a su amigo ese vicio de hablar en otra lengua que la nuestra?

En aquel momento cortó la interrogación la centésima vez que se le apagaba el tabaco, volvió la cabeza y en perfecto bicol sostuvo una conversación con su criado, conversación que sin duda debió versar sobre lo incombustible de la hoja, o lo combustible del fósforo, pues tan pronto señalaba la escueta caja como estrujaba la mascada colilla que para llegar a tal estado había pasado por la llama de cien palitos. Con que decía usted padre, cuando se le apagó el cigarro, por qué no procuraba quitar a Luís el resabio de hablar francés con españoles, pues es muy sencillo —le dije muy bajito— porque todos tenemos nuestra correspondiente viga en el ojo, viendo la paja en el ajeno; la viga de Luís es el francés, la viga de usted es el bicol. Quince años dice que le sirve ese criado, pues bien, en ese tiempo él debía hablar español y no usted bicol. Esta razón le debió parecer tan fuerte que se sonrió, sacó de la manga otro tabaco, y ... en efecto, pidió en bicol a su criado el primer fósforo, inaugurándose la segunda parte de fuegos artificiales.

Veinticinco Säkerhets-Tandstikor, que es como si dijéramos veinticinco émulos de Cascante habían rozado el amorfo betún de la caja cuando sonaron las diez en el reloj de la cámara. Políticamente dimos las buenas noches, y en efecto, buena la fue para mí, pues no tardé en quedarme dormido el tiempo que invertí en contar unos cien golpes de la hélice, golpes que entre sueños los asemejaba yo a otras tantas pulsaciones de aquel monstruo de hierro, en cuyas entrañas dormía con la tranquilidad del que jamás había roto un plato.

Aquí vendrían bien dos líneas de puntos suspensivos, o el obligado cuentecito de duendes y aparecidos; pero como no se me «apareció» nadie, ni soñé que me cogía un toro, o cosa que lo valga, renuncio a los puntitos y a soporíferas relaciones, limitándome a decir que con la luz del alba de un nuevo día volví a la vida real, entrando en el concurso social, como diría un aprendiz a «objetivo subjetivo», habiendo previamente cubierto mis calzoncillos con telas menos ligeras.

Salí de la cámara. La mar estaba tan perfectamente dormida, cual yo lo había estado dos horas antes. Una brisita impregnada de puras emanaciones azoadas daban elasticidad y bienestar a todo el cuerpo. Bienestar que en mí se aumentó al ver el inverosímil pié, por lo pequeño, de Enriqueta, la que subía por la escalera de la cubierta recogiendo ligeramente su saya de fuertes colores.

Con la confianza que da el vivir bajo un mismo techo, y la que presta todo viajero, me acerqué a la mestiza, sirviéndome de introductor su pasado mareo. Hablamos de varias cosas, indiferentes al principio, acentuadas después, e intencionadas más tarde. Enriqueta tenía suelto su rizado y hermoso pelo, este arrancó de mis labios la primera palabra del arriesgado lenguaje de las personalidades. La mestiza por lo general es muy susceptible, así que es difícil abordar esos sabrosos discreteos en que entran en juego la galante frase, la emboscada promesa y las incipientes sensaciones.

—Con tanto pelo como usted tiene no me extraña le duela la cabeza.

—Gracias por la lisonja —contestó Enriqueta sonriendo, al par que instintivamente jugaba con las espirales de uno de sus hermosos rizos.

—No hay lisonja alguna, pues presumo no aceptará como tal el que la duela la cabeza.

—Antes de los dolores que solo son presuntivos se ha ocupado de una abundancia que por mucha que sea, jamás creemos excesiva las mujeres. Esta contestación me hizo comprender que no solo tenía a mi lado una mujer hermosa sino también una mujer discreta.

A las dos horas de conversación estoy completamente seguro que Enriqueta lo estaba también de no haberse equivocado al conceptuarse bonita, circunstancia que la sabe toda la que lo es, antes de que la pongan el primer vestido largo, pero que las gusta comprobar siempre que se presenta ocasión, no en la Luna del espejo sino en la frase y en los ojos del hombre con quien hablan. La mujer hasta los treinta años, constantemente está alerta, a la primera palabra que se cruza con un individuo del sexo opuesto, se pone en guardia; si no le agrada contrae las cejas y su contestación fría y displicente le dice «atrás paisano», siguiendo imperturbable su camino; si por el contrario le agrada, entonces el disimulo es imposible, en este caso procede una proclama incendiaria y el motín es casi seguro.

La impertinente voz de Matilde llamando a su hermana cortó nuestra conversación.

Hasta el almuerzo no volvió a salir Enriqueta de su camarote. Mientras duró aquel se habló de distintas cosas, sin que pudiese reanudar la conversación pendiente, pues no bien se sirvió el café se volvieron a la cámara las dos mestizas.

Por la tarde tuve ocasión de acercarme a Enriqueta de quien supe varios detalles de su vida. Aquella era mestiza inglesa, su padre respetable comerciante escocés había heredado de sus mayores toda la rigidez de los principios puritanos, en cuya doctrina hacía dos años había bajado a la tumba, dejando a Enriqueta bajo la guarda de Matilde, casada hacía algún tiempo con un comerciante español quien a la sazón se encontraba en la provincia de Albay dedicado a su profesión.

Enriqueta varias veces había significado sentimiento por ausentarse de Manila; traté de indagar la causa y a vuelta de algunos rodeos supe que aquella iba todos los sábados al cementerio protestante, en cuyo solitario

recinto descansaban los restos de su padre, cuya tumba tenía limpia de ramas y malezas el filial cuidado de Enriqueta, quien me dijo que el pequeño enverjado que cierra el mausoleo estaba recubierto de las rojas campanillas de las trepadoras enredaderas, a cuya sombra se resguardaban gran número de macetas en las que se criaban pintadas y caprichosas flores.

—Siento no estar en Manila en esta ocasión —dije cuando concluyó Enriqueta de darme aquellos pormenores.

—¿Y por qué lo siente usted? —me replicó aquella.

—Lo siento porque quizás cuando usted vuelva a Manila encontrará secas y mustias las flores, mientras que si yo estuviese allí las hallaría cual las dejó.

—Mi ausencia será corta, pues mi cuñado trata de realizar su negocio, y nos volveremos

en seguida; entretanto he dejado bien gratificado al guarda, con promesa de aumentar el premio, si a mi vuelta encuentro en perfecto estado el pequeño jardín que sombrea los dorados caracteres que señalan sobre el mármol el nombre de mi padre.

Enriqueta al pronunciar aquellas palabras se quedó callada, vagando su mirada por el Océano en cuyo majestuoso desierto quizá evocaría su querida memoria. Hay silencios que deben respetarse. Enriqueta por largo tiempo no separó sus negrísimas pupilas de las azules ondas, cuya movible superficie retrataba las cenicientas nubes que preceden a la noche. Esta bien pronto nos envolvió con sus sombras.

—¿Conoce usted la provincia de Albay? —dijo Enriqueta rompiendo el silencio.

—No, señora; es la primera vez que voy a ella, y lo hago como el que nada busca ni desea.

—Ya deseará y buscará.

Yo no pude sondear toda la intención de aquellas palabras.

—¿Y piensa usted describir su viaje? —añadió Enriqueta.

—No pienso escribir una línea más. Todos los hombres nacemos con una cruz que llevar y un calvario que recorrer, la cruz del escritor es muy pesada y su calvario muy largo, así que creo imposible el que vuelva a emprender tan espinoso camino.

—Creo haber oído o leído no sé en donde, que la palabra imposible no estaba en el diccionario español.

—Si usted la borra del mío, de seguro no estará —repliqué no con malicia sino con ingenua seguridad.

—De modo que si yo borro esa palabra, no habrá imposible para usted; pues bien —me dijo con gran viveza—, queda borrada, escriba usted.

—¿Lo manda usted?

—Si tuviera derecho para ello lo mandaría; Como no lo tengo solo me limito a expresar un deseo. Al decir esta última palabra, sin duda creyendo había ido más allá de lo que se proponía, se levantó, dándome las buenas noches, al par que me tendía una de sus manos.

—Puesto que usted me manda que escriba, escribiré —la dije, reteniéndola un momento— y es más, la prometo que el primer ejemplar de mi nuevo libro será para usted.

—No lo hará usted.

—Juro que sí.

Al alejarse Enriqueta de mi lado experimenté un triste vacío dentro de mi alma.

A los pocos momentos oí se cerraba su camarote.

Dormí aquella noche, pero no cual la anterior: soñé que Enriqueta y yo arrancábamos juntos las gramas de la tumba de su padre.

Al amanecer del día 7 teníamos a la vista un extenso caserío.

El «Sorsogon» disminuyó su marcha, evitando con grandes precauciones los bajos de que estaban sembradas aquellas mares.

Una boya que se balanceaba a un tiro de pistola de un rústico pantalán de madera se puso al alcance de las maniobras del barco y ... ¡fondo! gritó el capitán, confundiéndose él ruido de hierro de la cadena, con el del bronce de dos campanas que tocaban en tierra. La una se alzaba en el torreón de la iglesia, la otra en la puerta de un almacén de depósito. La religión llamaba al cristiano, el trabajo convocaba al obrero. Aquel pueblo se despertaba a la voz de la fe y a la voz del trabajo. ¡¡Sacrosanto lenguaje, que hace feliz a todo el que comprende!!...

Quico quedó en el encargo de recoger los equipajes. Luís y yo pusimos el pie en la plancha; nos columpiamos dos minutos sobre las movibles tablas del pantalán y pisamos tierra de Albay.

Estábamos en Legaspi.

Capítulo II. La provincia de Albay

Situación. Etimología. Pueblo de Albay. Su aspecto.
Casa Real. La Administración de Hacienda. El Tribunal.
La cárcel. Su mala disposición. Obras principiadas.
Principios humanitarios convertidos en inhumanitarios.
Monumento a Peñaranda. La iglesia. El Gogong y el
Ligñion. La raza bicol. Estadística

La provincia de Albay se encuentra situada en el extremo S. de la isla de Luzón; palabra cuya raíz es «Lúsong», nombre con que se conoce el mortero en donde descascarilla el indio el palay; antiguamente el «lúsong» no solo era un utensilio doméstico, si que también un instrumento de guerra. Cuando había alarmas batían la cavidad del mortero con el mazo de su servicio, dando en sus broncos sonidos voces de alarma.

Luzón según algunos cronistas se llamó isla Manila, tomando el nombre de la capital; otros, entre ellos el erudito padre Colín, tratan de aclarar la noche de los tiempos queriendo ver en las islas «Maniolas» que marca Ptolomeo a los 142° long., en sus tablas geográficas formadas en el segundo siglo de nuestra era, el origen de la palabra Manila: sea de esto lo que quiera, es lo cierto que en la llamada hoy Isla de Luzón, y en su extremo Sur, se encuentra la provincia de Albay.

El nombre de Albay, es una corruptela según unos, de «Ibat», régulo que imperaba a la llegada de los españoles en dicha parte de tierra, y según otros se la hace derivar de «Ibalón», voz que procede del término local «ivald», que quiere significar toda cosa que está al otro lado de algún río o brazo de mar.

33

Con el nombre de «Ibalón» se conocía de antiguo la provincia de Albay, tomado sin duda de su primitiva cabecera así llamada, situada en «Gaditaan» —hoy visita de Magallanes—; este barrio lo separa un brazo de mar de sus vecinas islas de San Diego, Tinacos y Bagatao, como asimismo se interpone entre aquel y las islas de Ticao y Samar, el estrecho de San Bernardino; separándole por último la bocana de la bahía de Larsogon de Tumalaytay y Macalaya, donde estuvo también algún tiempo la capital de la provincia, siéndolo hoy el pueblo de Albay que le da nombre.

La palabra «albay», es corrupción de «albay-bay; al» preposición castellana, y «bay-bay» palabra bicol que significa playa; de modo, que unida la palabra española a la bicol, resulta «albay-bay», o sea «a la playa». Sabido es que antiguamente se vivía por lo general tierra adentro para evitar las sorpresas de los desembarcos moros o de los mismos «barangayanes» enemigos, y acaso entre aquellos habitantes habría algún europeo que al mandarlos a la playa, construiría la palabra «albay-bay». El abuso que hace el indio del apócope, justifica que la palabra «albay-bay» quedase reducida a la de Albay. El primitivo pueblo fue el conocido hoy por el de Legaspi, y al cual muchos naturales le siguen llamando «Vanuangdaan», o sea Albay viejo.

El lugar que ocupa en la actualidad la cabecera, se denominaba «tay-tay» que significa fila o hilera.

Albay, o sea la capital de la provincia de la que toma el nombre, se encuentra situado entre los pueblos de Daraga y Legaspi, distando de este último, y por consiguiente de la mar, 3 km. escasos. El aspecto del pueblo no demuestra ser la cabecera de una de las provincias más ricas del archipiélago filipino. La Casa Real, residencia del Gobernador, es una destartalada vivienda de construcción mixta, predominando en ella la tabla y la nipa. La Administración de Hacienda tiene techo de hierro, y el Tribunal, pobrísimo edificio, es al par que casa municipal cárcel de partido. Esta cárcel dividida en dos reducidas cuadras, ocupa los bajos del Tribunal y alberga no solo los presos preventivos, si que también los que procedentes de causas sustanciadas en aquel juzgado, fueron condenados a menos de dos años de prisión. La provincia que nos ocupa tiene una gran masa de población, y aunque su criminalidad no es mucha, siempre hay que contar entre los detenidos por el Gobierno, juzgado y administración, y los que extinguen condena, con unos 150 a 200 individuos por término medio, amontonados en los sucios sótanos de aquella cárcel. Es de advertir que Albay es una de las provincias que más rendimiento llevan a las cajas locales, siendo la última que dejó de pagar la contribución llamada «tanorias», importante unos 25.000 duros. Estos ingresos, visto el desamparo y la carencia absoluta de edificios públicos, prueba no se les da su verdadero destino; cierto es que a saliente de la plaza del pueblo se alzan los muros de una soberbia cárcel, pero ciertísimo es también que ya se han agotado no sabemos cuántos presupuestos, y que los muros siguen poco menos que en cimientos, que las maderas acopiadas se pudren y que los hierros y sillares desaparecen. Y al hablar de la cárcel no podemos pasar en silencio un hecho que se verifica, no solamente en la de Albay, si que también en la mayoría de las de Filipinas. Un Gobernador general práctico y conocedor de las necesidades del indio, consiguió del Gobierno supremo un Real decreto por el que se le autorizaba a dar permisos a los jefes de provincias, para que a los presos preventivos no solamente se les dejara salir de las cárceles, con la competente custodia, a bañarse, lavar la ropa y hacer aguada, si que también a ocuparlos en trabajos moderados que revistieran caracteres puramente higiénicos. Esta concesión como se ve, teniendo en cuenta la estrechez, malas condiciones de las cárceles y fuertes temperaturas de aquellos climas, era benéfica y humanitaria: pero «en efecto», el tiempo y las «circunstancias» han convertido el principio humanitario en inhumanitario y cruel, y el trabajo regenerador, higiénico y voluntario del preso preventivo, en el infamante, durísimo y forzoso del condenado. Se dirá, ¿y el indio por qué no reclama? Pues es muy sencillo; el indio de cárcel pertenece a la clase desheredada que ni defiende derechos ni muchas veces los conoce, y a falta de ese conocimiento,

elevamos nuestra débil voz a los poderes públicos pidiéndoles hagan desaparecer

este monstruoso abuso que ha introducido

la costumbre en no pocas provincias filipinas.

Frente a la Casa Real hay un hermoso y espacioso jardín en cuyo centro se alza un sencillo monumento dedicado a la memoria del Gobernador don José María Peñaranda. La iglesia es de una sola nave, y tanto su construcción como cuanto contiene, es muy pobre.

Su administración corre a cargo de un clérigo indígena.

Nada tiene este pueblo de particular que, de contar sea, salvo recordar la bellísima vega en que se asienta, y las aguas termales del Gogon, cuyo manantial se encuentra a las faldas del Signion, heraldo del grandioso Mayon, que se alza a su espalda.

En Albay como en toda la provincia se habla el bicol siendo esta raza inferior a la tagala, y así se ve que donde quiera que aparece un tagalo, bien pronto se impone.

El espíritu de provincialismo no está tan arraigado como en otras provincias, no siendo por lo tanto extraño ver votar para Gobernadorcillos a individuos de corta radicación, hecho que jamás se registra en los pueblos tagalos, en donde las cartas de naturaleza tardan muchísimo tiempo en otorgarse.

Albay tiene cincuenta y seis cabecerías, 1.052 tributos y 4.365 almas. Según los libros parroquiales, se consumaron cuarenta casamientos, 410 bautizos y 282 inhumaciones. Hay en su población once europeos y doce chinos; asisten a las escuelas unos 230 niños y ochenta y cinco niñas, siendo escaso el número de las que hablan español. Se procesaron quince individuos.

Sería una verdadera profanación tourista, ocuparse de Albay y no consagrar las primeras páginas al gran «Mayon» o «Buquid», como le llaman algunos indios.

Cumplamos, pues, con este deber, en el siguiente Capítulo.

Capítulo III. El Mayon

Al hablar de Albay no es posible dejar de consagrar un recuerdo al Mayon. El Mayon es uno de los montes más bellos que se conocen en el mundo. Se alza a más de 8.000 pies en una inmensa cañada, formando su cono desde la base hasta los límites de su altura, suaves e iguales ondulaciones por todos sus lados, lo que hace que a cierta distancia se asemeje a una gigantesca tienda de campaña. Al darle esta configuración el autor de lo creado, parece quiso recordar al mortal lo pequeñísimo de sus obras. La justicia humana acampa sus legiones en un puñado de tierra cubriendo sus ejércitos con cuatro varas de lona; la Divina justicia hace dormir bajo dilatadas sábanas de candente lava, poderosas fuerzas cuyo solo aliento remueve montañas llevando la muerte y la destrucción por doquier.

Las zonas del monte son dignas de estudio por distintos conceptos. En las primeras estribaciones fructifica toda la flora filipina. Desde la delicada «sensitiva» al añoso tronco de la pintada «marra», y desde el agreste «lagundi» a las poéticas «casuarinas», tienen allí su representación. La «Artemisa» con las tradicionales virtudes de sus jugos; la «yerba buena» con las delicadas emanaciones de sus ásperas hojas; el adusto «romero» con su salvaje independencia, adornan las faldas del coloso, esparciendo a su alrededor finísima fragancia.

Cuando el ábrego hiere las copas de las casuarinas produce en sus delicadas ramas una armonía extraña y conmovedora. Varias veces hemos recorrido los bosques de casuarinas que adornan al Mayon, y al perdernos en aquella revuelta vegetación, hemos caído en esos misteriosos ensueños a que tan propensos son todos los dolores, y en medio de aquellos sueños en que el corazón palpita con fuerza y la imaginación vuela a otras regiones, hemos encontrado una bienhechora sensación en las extrañas vibraciones producidas por las casuarinas. Estas tienen un no sé qué indefinible, imposible de expresar. Las raíces de las casuarinas se extienden entre las muertas cenizas, y los raros filamentos que forman sus ramas dan sombra a extensos campos de ruinas. La sombra que proyecta la casuarina, parece encerrar un hálito venenoso. Al pie de su áspero tronco no crece planta alguna; solo sus ramas se alzan sobre las candentes arenas sembradas de monstruosos bloques. La casuarina tiene en el balete un hermano que gusta de las ruinas tanto como ella. En la dilatada planicie que se encuentra a la derecha del camino que dirige de Daraga a Camalig, llama poderosamente la atención del viajero, tres grupos de exuberante vegetación que se destacan sobre la monotonía de aquel movedizo arenal. Saliendo del camino y tomando la dirección de aquellos canastillos de verdura, se divisa primero un roto torreón, cuyas grietas son otras tantas macetas en que la potente vegetación de los trópicos encuentra vida y alimento. Más cerca, los grupos de follaje descubren las antiguas ruinas de tres edificios. Las retorcidas ramas de los baletes ocultan los restos de una noche de luto y de lágrimas. Aquellos desunidos sillares formaron en otro tiempo la iglesia, el tribunal y la escuela de Cagsaua, pueblo que fue sepultado en la memorable noche del 1.º de febrero de 1814. Noche de terror y espanto en que el Mayon lanzó sobre los dormidos pueblos todos sus gérmenes de destrucción. De la populosa y rica Cagsaua, solo queda la tradición escrita en informes restos. Estos desaparecerán ante el poder del tiempo, si antes no son sepultados por nuevas avalanchas de lavas y cenizas, y entonces Cagsaua ira a dormir el sueño eterno del olvido al lado de otros cien pueblos que a su vez desaparecieron en otros siglos ante las espantosas y rojizas llamas del volcán.

En las faldas del Mayon crecen adheridas a las rocas o abrazadas a los añosos troncos gran variedad de «orquídeas» y «parásitas», a las que llaman «dapos» los naturales. La leyenda, la poesía y la medicina tienen en aquellas especies maravillosas páginas. Según Homero con los jugos del «Nepenthes» —o sea el dapo que llaman los indios «jarro»— hizo el rey de Egipto olvidar a la bella Helena todas sus amarguras. La palabra «Nepenthes» deriva de la partícula negativa «Ne» y de «penthes» que significa duelo, aflicción, melancolía. Hablando de esta parásita que tantísimo abunda en el Mayon, dice en su «Flora filipina» el padre Blanco lo siguiente: «Esta planta singularísima y hermosa, es parásita y fácil de enredarse con otros árboles por medio de los jarros o vinajeras; estos casi hacen una taza de agua, y tanto el cordón de la boca, como el del tallo y pecíolos de las hojas, son encarnados. Cada hoja tiene su jarro, lo cual hace una perspectiva, rara y extraordinaria. No es del todo cierto que estos jarritos se abran y cierren todos los días. Lo más singular es la tapadera que cierra tan exactamente la boca que es imposible se derrame una gota de agua, aunque haya vientos fuertes, o se vuelva el jarrito boca abajo: a esta firmeza de la tapadera contribuye el diente o laminilla, que tiene por debajo, hacía donde suelen estar los goznes de una vinajera, la cual encaja entre una pequeña abertura que dejan entre sí los extremos del cordón. Es, pues, este vegetal digno de admiración y asombro por su estructura tan singular.»

En los jarritos de la parásita que queda descrita, encuentra el cansado viajero donde saciar su sed. El agua que aquellos contienen se conserva fresca, sin que le den mal sabor las paredes que la guardan. El «dapo mariposa» es de lo más fantástico que puede verse: es de largas y flexibles ramas, oscilando en cada una de ellas cientos de menuditas flores completamente blancas. Cuando el viento mueve las ramas y las miles de florecillas tiemblan bajo sus flexibles tallos, se asemejan a una bandada de blancas mariposas, revoloteando alrededor de un canastillo de verdura. A más de la anterior «orquídea» se encuentran en las zonas del Mayon gran variedad de aquellas que vienen siendo hace algún tiempo objeto de comercio, exportándose con grandes cuidados a Europa, figurando en los suntuosos salones como uno de los más bellos y raros adornos.

No solo se encuentran en el Mayon curiosísimos ejemplares de la flora, si que también los hay de la fauna. En las hojas de los árboles se halla una gran variedad de esos monstruosos y misteriosos seres, llamados por la ciencia «Fasmidos», los mismos que son conocidos en el lenguaje vulgar por «bichos hojas, bichos palos» y «bichos troncos». Quien no haya visto uno de estos extraordinarios animales, no es posible pueda figurarse la absoluta semejanza que tienen con los vegetales. Son, ni más ni menos, una rama, un tronco o una hoja más del vegetal en que viven. El «bicho hoja», produce durante la noche un canto agudo y monótono, parecido al del grillo de Europa, si bien el del primero guarda intermitencias más cortas que el del segundo. Los indios llaman a aquellos «fasmidos, garau-garau».

El «balor», el «bató-bató», la «tórtola» y una gran variedad de palomas tienen su nido en los bosques del Mayon. El milano de las regiones intertropicales bate sus alas por cima de los precipicios, siéndole difícil remontar el vuelo hasta contemplar la cabeza del coloso.

A medida que se hace la ascensión del Mayon va desapareciendo la vegetación, hasta que, por último, se entra en la zona de las muertas cenizas. De allí, solo aridez, solo precipicios, solo lagos de movedizas arenas, salpicados de ennegrecidos bloques. En las cavidades de las masas basálticas habita el más terrible de los reptiles. Entre el hueco de dos piedras suele verse la chata y verde cabeza del «Upon», reptil que figura en la familia de los «votrofídeos», cuya mordedura es mortal.

Al Mayon constantemente lo adorna un penacho de humo, que unas veces lo abate el viento, en cuyo caso se revierte por los dentados cortes del cráter, y otras se alza orgulloso y altanero por cima de la región de las nubes. El humo del Mayon revela que los gigantescos cíclopes de los oscuros antros vigilan al pie de hirvientes lagos las enrojecidas montañas de candentes bloques, cuyas monstruosas y desiguales masas son azotadas de continuo por abrasados torrentes de cenizas y escorias.

El coloso del Estrecho con la regularidad matemática a que necesaria y fatalmente sujeta toda ley perfecta, acumula en sus calcinadas entrañas gérmenes de espanto y desolación. ¡Desgraciado el día en que abra la válvula! ¡Infeliz del pueblo en que sacie su cólera!

Todo lo que la ilusión reviste de sombrío y terrible el fondo del Mayon, la realidad lo presenta en su exterior de sonriente, grandioso y sublime. Dentro, impenetrables misterios, medrosas tinieblas, luto y espanto; fuera, límpidos horizontes, aires purísimos, melancólicas armonías, luz, perfumes, espacios sin fin y caricias eternas de una mar bravía que viene sumisa y obediente a besar los pies del coloso, cual besan los blancos copos de las altas nubes su altanera cabeza. Dentro, la noche sin fin; fuera, el día sin crepúsculos.

¡La muerte y la vida, la sonrisa y la lágrima, la fuerza que destruye y el botón que germina, el mal y el bien, el arcángel rebelde y el arcángel sumiso!

Capítulo IV. Iraya

Tabaco. Sorsogon y Cantanduanes. De Albay a Daraga.
¿Cagsaua o Daraga? Culebras domésticas. Etimologías. M.
Montano y sus viajes por Filipinas. Iglesia y cementerio.
«Pintacasi» de Daraga. Gustos europeos. Banquetes
chinos. «La bandala.» Hospitalidad. Recuerdos. Días
tristes. Estadística. Comparación de razas. El «patadeon».
La línea curva. Mercado de Daraga. Vendedoras de
sampaguitas. Tertulias al aire libre. La casa de Aramburo
La provincia de Albay se divide en cuatro distritos o partidos
llamados Iraya, Tabaco, Sorsogon y Catanduanes: el primero
lo componen los pueblos de Cagsaua o Daraga, pues con ambos nombres se le conoce. Camalig, Guinobatan, Ligao, Oás,
Palangui, Libon, Quipia, Donzol y Pilar. El segundo, o sea el
de Tabaco, lo forman los de Albay, Legaspi, Libog, Bacacay,
Malilipot, Tabaco, Malinao, y Tiui. El tercero, denominado
como hemos dicho, Sorsogon tiene los pueblos de Castilla,
Sorsogon, Casiguran, Juban, Magallanes, Bulan, Matnog,
Bulusan, Barcelona, Gubat Bacon, y Manito: y en el cuarto, o sean las Islas Catanduanes, se encuentran los pueblos
de Calolbon, Virac, Bato, Viga, Payo, Bagamanoc, Pandan y
Caramoran.

Con el tiempo y en plazo no muy lejano, esta inmensa provincia está llamada a ser dividida en tres, formando la Iraya
y Tabaco una de término, y Sorsogon y Catanduanes, otra de
ascenso y entrada respectivamente.

Para proceder con método vamos a hacer una correría a
toda la provincia, visitándola por partidos. Damos la prefe-
rencia a la Iraya, y al efecto y puesto que ya conocemos el
pueblo de Albay, trasladémonos al de Daraga recorriendo en

coche y en veinte minutos la pintoresca y bien conservada carretera que los une.

Daraga o Cagsaua, pues con ambos nombres se conoce a este bonito pueblo, debía ser, dada su importancia, la cabecera de la provincia.

Cagsaua es término compuesto de «Cag» (dueño) y «saua» (culebra). En el sitio que ocupa el pueblo habría quizá alguna culebra domesticada, y en ese caso de aquí vendría la etimología de aquella palabra, deducción lógica, siendo como es costumbre tener en muchas casas de Filipinas grandes culebras completamente inofensivas y en domesticidad, que hacen el oficio de gatos o perros ratoneros.

Lo mismo sucede en las bodegas de no pocos barcos filipinos, siendo de notar que tales huéspedes son conceptuados como de buen agüero para los dueños de las casas y barcos donde moran.

La etimología de Daraga la encontramos más adaptable que la anterior, puesto que significando dicha palabra bicol, virgen, y teniendo el pueblo por titular la Natividad de la Virgen, lógico es que se le llamara «daraga» o virgen, en recuerdo de la pureza de la Madre de Dios.

El comercio, la industria y la vida de Albay, afluye a Daraga en donde radican las casas más ricas de la provincia.

Mi querido amigo el doctor Montano en su precioso libro de «Voyage aux Philipines et en Malaisie» dedica no pocas páginas a Daraga, siendo justo en sus apreciaciones, hecho digno de consignarse por escasear obras extranjeras que juzguen a nuestras provincias de Oriente en su verdadero valor.

La plaza del pueblo que nos ocupa está asentada a las faldas de un montecillo en cuya amplia meseta se levanta la iglesia y el cementerio. Como se ve, los muertos no pueden estar más cerca de los vivos.

Las fiestas o «pintacasis» de Daraga son renombradas en toda la provincia, pero al objeto de nuestro trabajo poco podremos de ellas decir, por cuanto nuestra misión es dar a conocer costumbres indígenas y no europeas, y es lo cierto que en aquel pueblo se van perdiendo las primeras por el gran número de españoles y extranjeros que allí viven o transitan. Los bailes, los convites y hasta los gustos líricos o dramáticos buscan recuerdos europeos, y para oír el característico «cutang-cutang» indio hay que dejar el pueblo.

De citar es, sin embargo, los convites chínicos de Daraga en sus días solemnes, por figurar en las mesas de sus festines platos tan originales como los de orejas de ratón, nidos de golondrina, aletas de tiburón y cabezas de culebra.

En Daraga, como ya hemos dicho, hay establecidos ricos comerciantes cuyo tráfico se circunscribe a la «bandala» o sea el abacá, filamento del que extensamente nos ocuparemos en otro lugar.

La hospitalidad que se dispensa en Daraga no tiene límites, y si a relatar fuéramos nombres y atenciones de que fuimos objeto mientras permanecimos en aquel pueblo, llenaríamos no pocas cuartillas. Estando en aquella provincia, pasamos por amarguísimas penas a consecuencia de pérdidas de seres queridos ausentes, y seríamos harto ingratos si no recordáramos a Aramburo y a su bella y distinguida señora e hijas; a toda la colonia que forman la casa comercial de los Muñozes, al chispeante al par que misántropo Ávila, al decidor Carrascoso, tan olvidado de la política que le llevó a aquellas tierras, como ingrata fue con él, al cáustico José María, al servicial Rufino, al inteligente Pasiano, y a tantos amigos y amigas a quienes mandamos en estas páginas un profundo recuerdo de gratitud.

Daraga cuenta con una población de 19.252 almas, repartidas en su caserío, sumando 5.025 tributos. A las escuelas concurren por término medio unos 150 niños y 120 niñas, sabiendo el español quince de los primeros y cinco de las segundas. Hay radicados diez europeos y setenta y siete chinos. Se registraron 869 bautizos, 111 casamientos y 631 defunciones. Fueron procesados nueve individuos.

Ya hemos dicho que los bicoles son de raza más inferior que la tagala, y aun la visaya, y buena prueba de ello está en Daraga, en donde si nos es admisible aplicar la palabra caciquismo, diremos que este lo ejercen los tagalos e ilongos allí establecidos.

El bicol es más humilde, más modesto, y menos aparatoso que los tagalos; no predominando ni en sus fiestas, ni en sus trajes la riqueza de que hacen gala los primeros. El «patadeon», o sea esa feísima y única prenda de vestir que usa la mayoría de las bicoles, es casi desconocida en las provincias del centro de Luzón. El «patadeon» es desde luego muy cómodo, tanto que consiste en una faja de tela más o menos ordinaria, que da las bastantes dimensiones de largo y ancho para que una mujer se dé con ella una vuelta, sujetándola a su cuerpo bien con una cuerda o correa, o bien, y esto es más general, haciéndola un nudo por cima de los pechos.

De algún tiempo a esta parte el característico «patadeon» bicol principia en la cintura, habiéndose aumentado el traje con la camisa y candonga tagala, pero de todos modos el patadeon es tan poco honesto como buen «agente» escultural, no escapándose a la flexibilidad de aquellas ligeras telas ni las más ocultas de las líneas, y sabido es que la línea que predomina y define la belleza en el eterno femenino es la curva. Creemos que la coquetería en la mujer es innata en todas las razas, y esto es tan cierto que generalmente la bicol que más usa, abusa y oprime el «patadeon» a su cuerpo, es la que lo tiene más bonito y esbelto.

En los nocturnos mercados de la plaza de Daraga, se ven no pocos irreprochables «patadeones» festoneados de hilo de seda, llevados con toda la desenvoltura que consiente la escasez de la tela, por graciosas vendedoras de olorosas sampaguitas, delicadísima flor que crece en gran abundancia en aquellos campos.

En la plaza de Daraga, y tomando por lugar de cita la puerta de cualquier establecimiento, se forman tertulias a las que todas las tardes concurren cuantos europeos viven en aquel pueblo y en los de Legaspi y Albay.

En esas tertulias se derrocha ingenio, agudeza, y hasta su poquita maledicencia, a pesar de tener a la altura de las narices, y muchas veces «dentro» de ellas, el vecino cementerio que parece debía ser con su presencia valladar a «ciertos» y arriesgados discreteos.

En época de lluvias, las tertulias al aire libre se trasladan bajo cubierto invadiendo indistintamente cualquier casa de las muchas y buenas que tiene Daraga, descollando entre ellas el verdadero palacio en que Aramburo ha sembrado el dinero a manos llenas; habiendo dirigido la decoración y pinturas al fresco que allí se admiran, el inspirado pintor italiano César Alberoni. Lo que Filipinas ha adelantado en confort y buen gusto de pocos años a esta parte, merece otro Capítulo.

Capítulo V. Mejoras

Transformaciones llevadas a cabo por el canal de Suez.
Seis meses reducidos a treinta días. Quietismo. Mares
bíblicos. Orientales civilizaciones. Nuevos gustos
y aficiones. Inmigración europea. Comparaciones.
Notables variaciones. La nipa y el hierro. Maestrillos
y arquitectos. Sustituciones y copias. Nivelación de
gastos. La «Encarnación y la María Pídela». Puertos
del Pacífico y viejos continentes. Intereses materiales
y morales. Reformas. Escuelas municipales. Lengua
española. Resistencia pasiva. Desconocimiento del valor
de las palabras. Los enemigos del alma. El discurso de un
Gobernadorcillo. Y punto redondo

La apertura del istmo de Suez, necesariamente había de llevar grandes transformaciones al extremo Oriente, no solo
en su vida moral y material, si que también en la política y
gubernamental. Los seis meses de pesadas navegaciones por
los derroteros del cabo de Buena Esperanza quedaron reducidos a los treinta días que hoy separan las costas Filipinas
de las playas españolas. La facilidad, comodidad y relativa
baratura de la travesía, despertó primero la curiosidad del
viaje, y tras aquella el deseo de conocer el país que lo termina. En la historia de los pueblos una veintena de años poco
o nada significan, cuando aquellos marchan dentro del universal concierto. Filipinas por su situación, sus tradiciones,
sus costumbres, su falta de necesidades, su desconocimiento de lo superfluo, yacía hasta hace pocos años en perfecto
quietismo. Aquellas provincias con su privilegiado suelo y
su hermosísimo cielo, con su verano constante y sus escasas
necesidades, dormían sin que el atronador ruido de cercanas

civilizaciones las despertaran en los largos siglos en que han permanecido estacionadas.

El rumor de unirse las tranquilas aguas de los mares bíblicos con las revueltas que recuerdan grandes epopeyas, llegó poco a poco al extremo Oriente; y el Japón dando el ejemplo avanzó en tres lustros lo que no había hecho en muchos siglos; y el rutinario chino abrió sus infranqueables murallas, rompiendo muchos de los antiguos moldes de sus costumbres, al par que perfeccionaba y daba novedad a las líneas en que modela sus bronces y cerámicas. Junto a estas orientales civilizaciones se alzan pueblos de gran contingente europeo que les despiertan y avivan todo género de aficiones, no ya solo de lo que constituye lo necesario y cómodo de la vida, si que también a cuanto la embellece, adorna y distrae.

La creciente inmigración europea en Filipinas que en pos de sí lleva todas las necesidades y superfluidades de Occidente; el conocimiento de aquellas por los naturales; el apreciarlas comparándolas con las suyas tan sencillas como primitivas, fueron causas más que suficientes para operarse la radical revolución que de pocos años a esta parte se viene observando en la manera de ser de aquellos pueblos. La pobre casa de torcidos y ásperos harigues, de irregular distribución y peligrosa nipa, que por todo ajuar mostraba en las cañas de sus tabiques media docena de pintarrajeados cuadros de asuntos místicos, cuatro toscos bancos en su caída, dos ollas en el fogón, unos cuantos petates en el suelo, y un desvencijado aparador en la sala, hoy ha sufrido una notable transformación. El harigue se oculta, se talla o pulimenta; la nipa deja el campo al hierro o la teja, quedando aquella relegada a zonas especiales; el lugar del maestrillo lo ocupa el hábil arquitecto imprimiendo gusto y seguridad a las nuevas construcciones, que guardan dentro de sus muros ricos mobiliarios que responden a las nuevas aficiones tantos años desconocidas. El autor de este libro conoce las Filipinas desde hace dieciocho años, ha recorrido constantemente sus campos y visitado sus poblaciones, y puede asegurar que en ese tiempo la transformación de aquellos pueblos ha sido marcadísima. Todo viene sufriendo sensibles evoluciones, no solo a virtud de las nuevas costumbres que lleva el europeo que se radica en aquellas comarcas, si que también por el gran número de sus hijos que son mandados a educar a los grandes centros de la civilización, quienes al retornar a sus hogares importan en ellos refinamientos completamente desconocidos. Y no es solo en la casa del que va o en la del que vuelve, donde se cambia el desnudo petate por la torneada cama, el comistrajo indígena por los sazonados manjares, las humildes telas por las costosas sedas, si que también esos mismos cambios se operan en las casas de los vecinos que observan y copian con orgullo todo cuanto procede de Europa.

Este cambio de vida exige mucho dinero, y ante el deseo de poseerlo se perfecciona el arte, se ensancha el comercio y se aumenta la industria, buscando aquel honrado pueblo en el trabajo, la nivelación de sus nuevos gastos.

En comprobación de cuanto queda expuesto, no hay más que comparar el número de barcos que de «altura» arribaban a Filipinas hace dieciocho años, y los que hoy echan anclas en sus puertos. En aquella época hacían la derrota del «Cabo» media docena de embarcaciones, algunas de ellas como la «Encarnación» y la «María Fidela» de 400 toneladas. Hoy, por el contrario, dan fondo en aquellos puertos, poderosos vapores cuyas inmensas bodegas ocupan constantemente todo lo que las modernas civilizaciones americanas acumulan en sus puertos del Pacífico, y cuantos productos se refinan y perfeccionan en los viejos continentes, retornando esas mismas naves cargadas de valiosos productos filipinos.

Ese rápido y creciente desenvolvimiento en intereses materiales, poderosamente había de influir en los morales, sintiéndose no pocos vacíos en la vida jurídica de aquellos pueblos, y de aquí tanta y tanta reforma como de día en día se lleva a Filipinas, y de aquí el que el código indiano resultara deficiente, y el que aquella imperecedera recopilación de Carlos II, base y fundamento del derecho escrito ultramarino, no respondiera a las necesidades de las nuevas civilizaciones, imponiendo la necesidad la promulgación de nuevos códigos y leyes.

Lástima grande es que en este camino de adelantos no podamos incluir datos que revelen la extensión de la lengua castellana en aquellas provincias españolas. En vano se crearon las escuelas municipales y en vano se pensionaron jóvenes de ambos sexos para que una vez terminadas sus carreras difundieran en sus respectivos pueblos, la lengua de la madre patria, y en vano se dictan uno y otro día extensas circulares encaminadas a ese fin; todo es inútil y todo se estrella ante la resistencia pasiva y ante imaginarios temores entre no pocas influyentes personalidades que creen de buenísima fe sí, pero de fatales resultados, que tal adelanto podría debilitar la base de nuestra dominación. El remedio de este mal no hay que buscarlo en las circulares, el remedio está en que el sacerdocio

de la conciencia hermanado con el de la ley, emprendan esta beneficiosa reforma, que la llevarían indudablemente a cabo en poquísimo tiempo dadas las aptitudes del indígena, siempre que emprendieran la obra con verdadera constancia.

Los que sigan la lectura de este libro podrán comprobar en los datos estadísticos el escaso número de niños de ambos sexos, de los que asisten a las escuelas que hablen el español, siendo de advertir que la provincia de Albay costea la educación de maestros y maestras; pero estos al encontrarse al frente de la enseñanza en sus respectivos pueblos, se olvidan en absoluto de sus compromisos y emprenden sus explicaciones en la lengua local, y para cubrir las formas y en previsión de las pocas visitas del Inspector provincial, fijan en la memoria de sus educandos algunas contestaciones en español, y como el significado no puede apreciarlo la inteligencia por no conocer el valor de las palabras, de aquí el que en una ocasión presenciáramos la gran imperturbabilidad de un maestro que oía decir en forma coreada a sus discípulos, que los enemigos del alma eran «mimoria, intindimiento y voluntad».

El indio copia la escritura española sin entenderla,[1] y se aprende de memoria con gran facilidad relaciones o discursos más o menos largos. Esa facilidad de emitir palabras que no entienden, puso a un Gobernadorcillo en una ocasión en lance bien apretado. Visitaba un General los pueblos del Sur de Luzón y en plena recepción oficial en uno de ellos, le preguntó el General al Gobernadorcillo sobre el estado de la localidad, a lo que con gran claridad y precisión le contestó: «Con el cólera, la langosta, las viruelas y la visita de V.E. el pueblo está al pelo». Esta extraña salida produjo el efecto consiguiente, y aquel «pelo» por poco se le atraganta al munícipe que en mal hora quiso hacer un discurso con media docena de palabras españolas cuyo valor no conocía.

Y con esto creemos que en ninguna ocasión está más justificado el hacer punto y punto «redondo».

---

1   En la Exposición de Filipinas figura un ejemplar caligráfico del Quijote, hecho por indios de Albay que no hablan español. (N. del A.)

Capítulo VI. Camalig

Su etimología y situación. Proximidad al volcán. ¡1814!
Barrio de Tondol. Estadística. Zonas abacaleras. El
padre Blanco y su Flora. «Musa textoria.» El «ramio».
«Úrtica nívea.» Competencia imposible. Comparaciones.
Desconocimiento del abacá. Exportación en 1885. Núcleo
de producción. Abacá colorado. Fuerza productiva.
Beneficio del abacá. Su riqueza. Jornaleros. Cotizaciones
y ventas. Márgenes. Enfardaje. Setenta y cinco por ciento
de beneficio. Precios del abacá. El «buntal», el «nito» y el
«cabo negro»

Cuenta la tradición que en el sitio que hoy ocupa el pueblo
de Camalig, encontraron los primeros españoles que pisaron
aquel suelo un extenso camarín, a cuyo alrededor se formaron algunas viviendas, dándoseles el nombre de «Camalig»,
o sea «camarín», y de aquí la denominación de la provincia
de Camarines, a la que perteneció este pueblo hasta 1847, en
que se agregó al de Albay. Linda con Daraga, Guinobatan
y Quipia, distando del primero 2,50 km., del segundo 3,75
y del tercero 9,50. Se encuentra situado en las estribaciones
del Mayon, en sitio bastante elevado, siendo el pueblo que se
halla más cerca del cráter, así que es el que más ha sufrido
en las distintas erupciones de aquel, hasta el punto de haber
desaparecido en 1814, en que todo el pueblo quedó envuelto
en fuego y cenizas. Los habitantes que escaparon de la catástrofe formaron barrio en Tondol, de donde se trasladaron
a Quilaponte y Baligan, para ir por último, olvidando antiguos siniestros y no previendo los venideros, a situarse en
1838 en el mismo lugar que ocupó el primitivo pueblo.

Camalig, con sus cinco barrios, contiene 17.457 almas y 8.889 tributos, repartidos en noventa y dos cabecerías, habiendo entre sus habitantes cinco europeos y veinticinco chinos. Se verificaron en el año a que se contraen estos datos estadísticos 134 casamientos, 581 bautizos y 301 inhumaciones. A las escuelas asisten, por término medio, 250 niños y 130 niñas, hablando muy pocos el español. Fueron procesados catorce varones y una hembra.

Camalig es uno de los pueblos más ricos de la provincia, y en él tienen las casas abacaleras, uno de los centros más activos de acopio. Posee buenos y sólidos edificios, descollando la iglesia y casa parroquial.

La jurisdicción de Camalig es sin disputa una de las zonas abacaleras más ricas, siendo el abacá, o sea la «bandala» como se llama en bicol el producto que constituye la riqueza de la provincia.

El abacá lo define el sabio botánico filipino padre Blanco de la siguiente manera:

«Musa trogloditarum textoria.» Musa de los trogloditas de telares. Corola, el labio inferior, casi sin escotaduras. Estambres cinco, sin rudimento del sexto. Fruto con tres costillas y muchas semillas perfectas. Este plátano llamado abacá le reputo por variedad del «Musa trogloditarum errans»; él es de los más útiles, y se cultiva con cuidado en la provincia de Camarines y en otras partes. A primera Vista no se diferencia de los otros. El fruto es comestible y muy pequeño, pues el que yo he visto apenas pasaba de dos pulgadas de largo. Las semillas llegan a su perfecta madurez. El uso que se hace de este plátano es inmenso. De él se fabrican cuerdas, cables y tejidos de una finura extremada. Para esto se corta el tronco por el pie y por el extremo, cuando está próximo a dar fruto, quitándole las hojas. Quítanse también uno a uno los pecíolos, y se les hace por la parte de adentro una incisión en el medio al través con un cuchillo, para quitarles la corteza que les cubre interiormente. Despojado ya el pecíolo de su corteza interior, todavía se hace tiras de dos dedos de ancho, las cuales se colocan una por una debajo del corte de un cuchillo, fijo en una caña larga, que hace el efecto de un resorte, y cuyo extremo más largo está afianzado en la tierra. Puesta, pues, la tira del abacá debajo del cuchillo, de modo que la corteza exterior mire arriba, se tira de ella con fuerza por una punta, lo cual se practica una o dos veces, y entonces aparecen claros los hilos; pero con este método se desperdicia la mitad del abacá. Todavía hay que pasarlos por una especie de sierra, que hace el oficio de un rastrillo, como los que se usan en Europa para el hilo; esta segunda operación no la he visto hacer, pero sí la otra. Allí quedan ordenados los hilos, pero unos son más finos que otros, y por eso las mujeres tienen el cuidado de separarle en varias clases, antes del tejido, lo cual ejecutan con suma destreza, aunque sea a oscuras.

Si el abacá se ha de emplear en hacer telas, se forma de ellos primero un ovillo apretado, como la cabeza de un niño de grande, el cual se echa en el mortero en que pilan el arroz, y allí le dan muchos golpes con la mano del mortero que es de madera. Esta operación hace muy flexible el abacá, y menos expuesto a quebrarse.

Hecho esto, no hay más que ir atando un hilo con otro por los extremos, en lo cual se ocupan generalmente las mujeres y las niñas. El tejido se hace como el del algodón; pero si el abacá es demasiado fino se meten las mujeres dentro de un pabellón para tejerle, porque el viento quiebra fácilmente los hilos.

Hechas las telas, se meten por un día y una noche en agua, con un poco de cal de conchas. Se lavan después, y se estiran.

El abacá se da muy bien en la provincia de Batangas, y en otras partes; pero no es tan bueno como el de Camarines, y este parece que es inferior también al de Panay y Marinduque; bien que sobre esto hay opiniones. Pero tengo por muy probable, que estos otros son distintos del de Camarines, pues la fruta de este es amarga y no se come, y las de los de Batangas sí.

El agua, que se recoge en un hoyo que se hace en el pié del tronco que se ha cortado, se dice ser buena para la contracción del miembro viril, enfermedad singular (colo-colo), que no deja de ser frecuente en las provincias visayas, y que regularmente viene acompañada de contracción en la lengua.

El inglés Dampierre, según se lee en la historia de los viajes del abate Prevost, se engañó cuando dijo que el abacá era solamente conocido en Mindanao.

El abacá se tiñe fácilmente de azul y de encarnado. Para teñirle de azul se empleaban ya desde tiempos antiguos las hojas de un arbusto o enredadera que en Camarines llaman payanguit y aringuit, según la sabía relación que de esta enredadera ha hecho a la Sociedad Económica de Manila, el curioso y diligente observador padre José de la Mata, religioso de San Francisco; que es quien la ha dado a conocer en estos tiempos a los europeos de Filipinas. Las hojas de este arbusto dan un color azul muy abundante.

Para teñir el abacá de encarnado, he oído que se cuece en Camarines la corteza de la raíz de la morinda con un poco de cal o de alumbre, hasta que se logra el color deseado, y con esto se procede al teñido. Pero es mejor teñirle del modo usado con el hilo de algodón; esto es, con lejía y aceite de ajonjolí.»

En la esfera textoria ha aparecido recientemente un producto que lo suponen algunos superior a todos los de su clase. Este se llama el ramio y sus partidarios creen ver en la siembra de este textil la salvación de la riqueza agrícola, no solamente de España si que también de las provincias ultramarinas.

Desearíamos que las Granjas modelo de Luzón y Visayas, ensayasen el cultivo del ramio tal como hoy se practica en Europa, siquiera esos ensayos solo den por resultado emular ante los ojos del indio toda la riqueza que atesora la diversidad de textiles que se crían en sus campos. Hemos dicho tal como se cultiva en Europa, puesto que el género «Urtica» al que pertenece la especie «Utilis», o sea el ramio, de antiguo es conocido en Filipinas en donde crece y se desarrolla sin que para nada entren los cuidados del hombre; y esa misma «Urtica» es seguramente la que ya describió en 1837 el sabio botánico Frey Manuel Blanco, en su «Flora Filipina» con el nombre de «Urtica Nivea», de la que dice en la primera edición de su obra «que la corteza preparada se hila y sirve para hacer telas». Y nada tiene de extraño que la tan renombrada «ortiga» fuese de tiempo inmemorial conocida en Filipinas, pues que de sus vecinas costas de China procede. Nosotros creemos que por razón de precio y por otras no menos atendibles, el ramio jamás podrá competir con el abacá. Las largas preparaciones, labores hondas y cruzadas, estercoladuras, extracción de raíces y piedras, formación de caballones, riegos, abonos, delicadas faenas en la siembra, escogimiento de tiempos y lugares, toldos, abrigos, tanto contra el frío como del viento, trasplantes, viveros, escardas, peritación en los cortes, desecación al Sol, almacenajes, complicadas máquinas desfibradoras y tantos y tantos gastos y operaciones como necesita el ramio, forzosamente han de resaltar ante la simplicidad y baratura del cultivo y faenas a que se presta el abacá desde que lleva su germen a la tierra, hasta que extraídas de su tronco sus finísimas y blancas hebras salen al mercado prensadas formando fardos a servir de importante factor en múltiples industrias de Inglaterra y América. Este filamento no tiene entre los de su clase más competidor que el cáñamo, y esto solo en algunas propiedades de la cordelería, superándole el abacá en cambio en cuanto se refiere a trabajos de telar, del que salen piezas tan finas que se confunden con los estimados paños de la seda de China.[2]

El abacá es poco conocido en España, adonde el año 1885 solo se importaron 20.340 kg., y de estos solo 3.064 en rama, de los 53.331.009 kilogramos que salieron por los puertos filipinos. Este textil es tanto más rico cuanto que no tiene que luchar con la competencia. Lo produce un plátano propio y peculiar de las Filipinas, y eso solo en la parte Sur, radicando el núcleo de su producción en la volcánica provincia de que venimos ocupándonos.

Ni los ingleses en la India, ni los holandeses en Java, ni los franceses en Saigón y Conchinchina han podido dar vida en sus campos a tan preciada planta.

No teniendo los abacaleros competencia en mercados extranjeros, no comprendemos que este producto sufra depreciaciones, siempre que la ambición no ciegue al agricultor, desprestigiando el filamento con su codicia, beneficiándolo fuera de sazón o llevándolo colorado al mercado; signo evidente de que se ha hecho mal la sencilla operación de la extracción de la hebra, dejándole pulpa o carnaza que si bien la hace subir de peso la hace bajar de precio.

El abacá se produce todo el año, y las plantaciones una vez en beneficio se reproducen a medida que se cortan de una forma, y con una exuberancia tal, solo concebible en la fuerza productora de aquellas tierras. No exige cava, ni arado, ni abono, y con solo el indispensable desbrozamiento que necesariamente ha de hacerse en campos que continua-

2   En la Exposición de productos filipinos figuran muchísimas muestras que atestiguan nuestro aserto. (N. del A.)

mente están en producto, se comprenderá la riqueza de este filamento.

El jornalero dedicado a las faenas de la extracción del abacá, no recibe salario, compartiendo el producto con el propietario. Una familia india compuesta del matrimonio y un chico, puede muy bien extraer al día una arroba de filamento: cantidad que al declinar la tarde y dejar en reposo la cuchilla del tosco aparato que limpia la hebra se parte entre el trabajador y el dueño de la plantación a quien generalmente vende con arreglo a la cotización del día, pues es de advertir que el precio del abacá es objeto de fluctuaciones que diariamente comunica el telégrafo, imponiendo precios los mercados de Inglaterra; dando esto lugar a que con los acopios de abacá se concierten verdaderas jugadas, en las que el dueño del almacén hace adelantos al dueño del textil, y según que los telegramas señalan bajas o alzas, así se cobran o se abonan «márgenes», nombre que equivale a lo que aquí se llaman «diferencias».

Hasta la última operación que precede al embarque del abacá, deja un gran rendimiento, consistiendo este en los beneficios del enfardaje que se verifica en bultos de a dos «picos», o sean 11 arrobas. El coste del bejuco, petate y trabajo que representa cada fardo asciende a unos 25 céntimos de peso que con el recargo de un 5 más en bulto que puede apreciarse por deterioro de material y tanto por ciento del capital invertido en el almacén, suma un total de gastos de 25 céntimos de peso por fardo. Y como quiera que es cosa corriente e invariable el que se recargue un peso por enfardaje, solo esta operación como vemos produce un 75 % de su coste, y producirá más el día que estos trabajos dejasen de hacerse a brazo realizándose por medio del vapor.

El precio del abacá tiene constantes fluctuaciones, habiéndosele visto subir en poco tiempo de 4 a 12 pesos el pico, o sean las cinco arrobas y media. El agricultor que vende su abacá a peso la arroba, ya le queda un buen producto al capital empleado; vendido a 10 o 12 pesos, aquellos serán muy cuantiosos e importantes.

El ramio sin quitarle toda su bondad y mérito, no tendrá nunca gran desarrollo en Filipinas, en donde con muchísimos menos gastos que los que origina aquel producto se obtienen otros que los reemplazan, pues no hay que olvidar que aquellos campos contienen la variedad de textiles más numerosa del mundo, no solamente en sus especiales plátanos, si que también en la diversidad de palmas de que se extraen el «buntal», el «nito», el incorruptible cabo negro, y tantos otros que se emplean en finísimos tejidos y preciadas cordelerías. Antes que el ramio tratara de hacer competencia a los textiles filipinos, ya lo intentaron sin resultado los yutes y sisales de América.

Capítulo VII. Guinobatan

Etimologías. Situación. Estadística. Mauraro. Catástrofes
. originadas por el volcán. Eternas amenazas. La iglesia y
la casa parroquial. El bardo del Mayon. «Tacay.» El padre
Luís. Aguas y nieblas. El Banao. El puente de Isabel II.
Destrozos originados por un tifón. Un diminuto Galeno.
Los sobanderos. El mediquillo herborista. Cómica
gravedad. Pseudo enterradores. Recetario. Su copia.
Autógrafo inapreciable. Descanso

A seis kilómetros escasos de Camaling, se encuentra Guinobatan, palabra cuya raíz «gubat» tiene tres significados,
dando a conocer lo mismo el terreno «desmontado» que el
lugar en que se ha verificado un «asalto», o conseguido una
«conquista». Nos inclinamos a creer que la verdadera etimología hay que buscarla en el primer sentido, teniendo en
cuenta la necesidad que habría de hacer cortes y talas para
formar aquel pueblo.

Guinobatan confina por Este con Camalig, por Oeste con
Ligao: Tabaco por el Norte, dejando al Sur Quipia y los mares de Burias.

Tiene con sus barrios un total de población de 15.994 almas, que forman ochenta y ocho cabecerías con 4.131 tributos. Se registraron 689 bautizos. 111 casamientos y 400
defunciones. Asistieron a las escuelas por término medio
340 niños y 260 niñas, conociendo medianamente el español
cuarenta entre unas y otros. Hay radicados cuatro europeos
y cincuenta y siete chinos. La criminalidad figura con quince
procesados.

El pueblo que nos ocupa es uno de los mejores de la provincia de Albay; en lo antiguo fue barrio de Camalig de quien

dependió hasta 1688 en que adquirió propia autonomía. El año 1814 fue destruido por el fuego del volcán, formándose el nuevo pueblo en la que hoy es visita de Mauraro. Nueva catástrofe hizo que el caserío se fijara en las playas Panganiran: volviendo por último al primitivo sitio, pesando sobre el pueblo la eterna amenaza del vecino Mayon.

Guinobatan tiene bonita iglesia y espaciosa casa parroquial, morada que fue muchos años del padre Melendreras, inspirado poeta que ha dejado escritos no pocos versos llenos de melancolía y sentimiento. Este poeta ha sido el bardo de las comarcas del «bicol» y en todos sus escritos palpitan tiernos recuerdos. La siniestra luz de las rojizas llamas del Mayon, los monstruos y quimeras del Lignion, la flora de sus campos, las leyendas de sus bosques, y sobre todo la originalísima «Tacay», hermosa flor ninfácea de sus lagos, de la que hizo el poeta motivo y tema de sus versos, fueron las fuentes en que el padre Melendreras bebía la inspiración de sus cantares inéditos en su mayoría, y casi podríamos decir en su totalidad, consecuencia de su extremada modestia que a todo trance rehuía la publicidad.

La casa parroquial de Guinobatan tiene suerte con sus inquilinos. Preguntad en toda la provincia de Albay, lo mismo a indio que a castilla por el padre Luís, y no oiréis más que bendiciones para aquel párroco que durante las últimas epidemias fue la providencia de Guinobatan.

Aguas constantes y tenaces y espesas nieblas hacen que en aquella localidad la humedad sea muy grande, circunstancia que favorece el desarrollo del plátano abacá cuyo textil es el principal producto de su suelo.

El «Banao» riega la jurisdicción de Guinobatan y sobre dicho río se levantaba hasta hace pocos años el magnífico puente de Isabel II. Tenía 1.500 pies de largo por 54 de ancho, formándolo dos grandes ojos. Este puente fue destruido por un tifón. Igual suerte sufrió el Tribunal. En este pueblo conocí un celebérrimo mediquillo. La rama de este «diminuto» Galeno era general en el partido de la Iraya. Lo vi por primera vez «maniobrando» sobre un paciente que seguramente quedaría sin hueso sano. En los distintos «sistemas» curativos que los mediquillos filipinos emplean, figura el de la «soba», ostentando los que la practican el poco tranquilizador título de «sobanderos». Líbrelos Dios de caer en manos de uno de esos «asesinos», y preferid antes que tal os aconteciese, un vuelco, un despeño, o un choque de trenes en la seguridad que de estos no saldríais tan magullados como de los aceitosos, largos y apergaminados dedos que la emprenden con vuestras carnes con una fe tal que no hay dolor que no desaparezca, por aquello de que baza mayor quita menor, y de seguro que en aquel juego, la menor es siempre la dolencia, y la «mayor» la que os propina el «sobandero» en medio de resoplidos, apretones y magullamientos.

El mediquillo a que me refiero era «herborista-sobandero», es decir, que participaba de ambos «sistemas» curativos, dejando las sobas cuando el paciente prefería las hierbas. Y no se crea que el mediquillo ejerce su «noble» profesión con el descreimiento del charlatán, no; la practica con la misma fe que el más concienzudo hombre de ciencia, rodeando todos sus actos de una solemne y cómica gravedad, tan rayana al ridículo, que no he podido menos de reírme siempre que he tropezado con alguno de esos pseudo enterradores. El mediquillo de Guinobatan tenía para las «funciones» de herboristería un recetario, sacado de su propio caletre, recetario que de su puño y letra guardo una copia, como un tesoro, entre otros autógrafos de igual «mérito». No quiero privar a mis lectores de tan sabrosísima lectura, y en el mismo «castila» en que está escrito, y con su propia puntuación y ortografía, lo traslado aquí, y que Dios me perdone.

Dice así:

«Recetario de yerbas y flores de Guinobatan.»

«Las hojas del árbol «Calongay» es medicinal para muchos padecimientos, especialmente para los que provienen de «ayre» como dolores de Barriga con «ventocidad» pues tomando de ellas lo necesario y después de «piladas» esprimir y en el «sumo» meter una «purcion» de sal hecho ascua y dando en seguida «de tomar» al paciente se sanará, Es un activo vegigatorio la corteza de este árbol, pues raspando y mesclando después un poco de sal, y calentar en el fuego y aplicar a la persona que quiere se le «ampolle» alguna parte del cuerpo no hay duda que se conseguirá el deseo.

«Las hojas o cogollos de Guayabas colorado también es medicinal para el que esté atacado de «ayre», pues se mastica bien y después se traga, verá que después de momento eruptará aire. El cocimiento de las hojas de este árbol es útil para lavatorio a las heridas se evita de gangrena y se cura pronto.

«La cáscara de Narangita mezclando en el cocimiento de té, y calentito se toma y después se arroja bien el que padece de tos por efecto de «romadizo» mal curado se corrije pronto.

«La fruta del árbol «Sampaloc» tomándola a manera de cagelada con caramelo, no solo «antivilloso» sino también cura al que padece «ofrecion» de pecho «hechando» sangre por la boca.

«El cosimiento de la corteza del árbol «Agoyo» tomándolo la muger que se le haya retenido el período, se consigue bajarlo.

«Para el que tiene trastornado la memoria por causa de haber recibido mucho frío se tomara muchas frutas de Limoncito «osua» y se pone al fuego y cocido, se parte y se aplica a la cabeza del paciente y sanara.

«Para el que padece dolores de dientes por «cauza» de «Gusanos» o irritación, se debe tomar cocimiento de la corteza del árbol «Molare» o «Santol», «enjugando» con el únicamente la «boca». El mismo cocimiento del Santol es útil «lavar» con el la parte llagosa o «canserosa» para curarse mas pronto como con el cocimiento de la corteza del «Afenic» para disolver el «lamparon».

«Las hojas de algodón o «Cayo» calentándolas un poco en el fuego y aplicándolas a la parte «dislocada» se cura.

«El «pasmo provenido de calor» también se cura raspando la corteza del árbol Dapdap y después de calentado al fuego se aplica al vientre y a la espalda, para curar la «ventosidad» y «vapor de tierra», debe rasparse la corteza del árbol Manugal y su cocimiento se da de tomar al paciente.

«Para contener la hemorragia en alguna herida se debe aplicar a ello raspadura de la corteza del árbol «Nanca, Baje», o sea «Palmabraba».

«Para el que padece ronquera se le dará de comer fruta del árbol «Sua» o limoncito a las cuatro de la madrugada, partiéndose y secándose antes al sereno y verá que la ronquera se quitará.

«Para el constipado mal curado se debe tomar de la fruta de «Bayasong» o Leimon y se asa entero en ascuas, y cocido se parte en estremo, y el jugo se unta en el pecho abrigándose después el cuerpo.

«Para el que padece «pasmo por el calor del Sol», se le debe aplicar la corteza del árbol «Borobarira» raspada, y cocida en el fuego envolviéndolo en hojas de plátano se pone en el vientre.

«Para volver su color natural al cutis que lo tenga amarillento a causa de «irritación» y «frío», debe tomarse el paciente el cocimiento de la corteza del árbol «Malobayo».

«Para cortar los pujos no hay más que tomar cocimiento de las hojas del árbol Manga.

«Para disolver tumores en cualquiera parte del cuerpo, se consigue sacando un poco de calamasado con el jugo del árbol Ditadita se unta en la parte que trata del tumor para disolverlo. El cocimiento de la corteza de este mismo árbol, sirve para corregir un tanto las tercianas, y para lavatorio de heridas.

«Con el cocimiento de la corteza del árbol del «Mambog» se lava las «implamaciones elifanticas» para curarse.

«Para curar la enfermedad que llaman «culebra» no hay mas que coger pepitas en sazón del árbol «Sapran» y amasadas con un poquito de agua para estraer la parte colorada que las envuelve, y untado con dicha agua desaparece la enfermedad.

«Con el cocimiento de le corteza del árbol «Layoan» tomándolo, es un medio de cortar la sangre por la boca.

«Untando en la herida el jugo del árbol «Balite» sana pronto y «revive la carne».

«La «suciedad» que la lengua demuestra por efecto de alguna calentura, se quita enjuagando la boca todas las mañanas con el cocimiento de la corteza del árbol «Ciruelo».

«Es muy útil «dar de tomar» a las paridas cocimiento de la corteza del árbol Tanag al objeto de echar fuera la sangre coagulada. Para este mismo padecimiento las hojas de la Yerba «Daloydoy» se pasan un poco al fuego para «ahuyentar» la frescura y se aplican al vientre. También a falta de Daloydoy suple las hojas de la yerba Peregrina bajo el mismo método de aplicación de la Daloydoy.

«Para calmar los dolores de Barriga, se debe aplicar a ella hojas del árbol Alom.

«Se cura el «espasmo» tomando el cocimiento de la corteza del árbol Yba.

«Para un constipado mal curado se saca corteza del arbusto «Taló» o «talago» se «ajusta» ambos estremos de ella y después se pone en forma de rosario para que el constipado «salga».

«Con el aceite del arbusto «Tagnan-tagnan misturado» con polvos de pimienta, se cura la «cojera» que proviene de tumores.

«La «hernia» o sea la «potra» también se cura con la fruta de «papaya» asando esta, y cuando esté bien caliente se aplica hasta que se enfrie.

«Cuando la matriz estuviese «hinchada» a causa de la obstrucción de periodo, se cojen hojas del arbusto Cipris se pasan al fuego y calentito se aplica al bajo vientre y se calmará la hinchazón.

«Para las enfermedades «de punzada» es muy útil las hojas del arbusto «Quilala» que después de piladas se aplican a la parte «dañada».

«Para «disolver» algún «flato» en el estómago, efecto del «pasmo de hambre», es muy útil tomar cocimiento de las raizes del arbusto «Talanisog».

«Para la «opresion» de pecho conviene que las hojas del arbusto Bani calentarlas un poquito al fuego y aplicarlas al pecho.

«Para bajar la calentura que proviene de irritación se toman hojas del arbusto «Payatpayat» y se las unta jugo de limoncito y se las aplica en el vientre.

«También es muy bueno para la calentura las hojas del arbusto «Balensua» aplicandola en la cabeza.

«También para disolver tumores e «implamaciones» es muy útil la corteza del arbusto «Damos» raspándola se aplica a la parte dolorida.

«Para las mugeres de parto que «se recaen», las hojas de «Pulli» sacadas se amasan con sal, y después se pasa al fuego y caliente se aplica al vientre y se sanara.

«Para mugeres que están con la «mesturacion» y quiere contenerla, se saca el árbol Ydioc una especie de pelusa, y hecho ceniza se mezcla en un vaso de agua, y lo toma, y al poco instante se contiene la hemorragia.

«Para curar el garrotillo no hay mas que raspar la corteza del arbusto «Tagum» y aplicar a la parte dolorida y se sanara.

«Para picadura de cien piés no hay mas remedio eficaz como coger cogollos del arbusto Anmamali y después de calentar un poco en el fuego aplicarlo en la picadura.

«Para disolver algún «bulto en el interior del estómago» se saca tres pedazos de las enredaderas Balogo y se pone al fuego, y cuando ya están bastante tiempo, «se pila» y bien machacado se «esplime» y el jugo se «da de tomar» al enfermo.

«Para cortar los pujos se debe sacar hojas de la yerba Santo Angel y se «pila» y después de mezclar clara de huevo se aplica en la barriga y espalda.

«La enredadera Paytan es antivenenosa, pues al que «se le haya picado» alguna culebra ponzoñosa debe «darle de tomar» cocimiento de ella.

«Las hojas de «Amargoso se pilan» y después se esprime para sacar el jugo que se «dará» de tomar al chiquillo o persona «flemativa» para arrojarla.

«Para curar la hidropesía se debe cojer planta de «Tanglad» en regular cantidad y con las raíces se cuece en una olla, echandola agua suficiente; se cubre bien con hojas de plátano, cosa que no «respire» de vapor y cuando ya está hirviendo, se hace sentar al enfermo en una silla, se le cubre bien con sabanas hasta la cabeza, y después se pone la olla debajo del asiento y en la cubierta se forma un ahujero para salir el vapor que el enfermo lo irá recibiendo, para que sude mucho, pues con este sudorífico se curará.

«El cocimiento de Camod es vomitivo.

«El cocimiento de la yerba «Penit» es eficaz para lavatorio «a las heridas cancerosas», pues «mata a los bichos que agrupan en el cutis».

«El cocimiento del arbusto Canios o Tabios es útil dando de tomar a los chiquillos que padecen «en constipado» mal curado.

«El cocimiento de la flor de Manzanilla, es remedio para «ventosidad y constipado». Con el cocimiento de las hojas de orégano se consigue que a la muger baje el periodo retenido por efecto de calor.

«La debilidad que padezca la muger a causa del desarreglo de la menstruacion, se corrije comiendo en ayunas flor de Coles.

«Para curar el «pasmo que proviene de hambre» se saca hojas del arbusto «Laguindi» y se cuece como la esplicacion de la yerba «Tantae» bajo la misma aplicación para la cura de esta enfermedad. Las hojas de este mismo arbusto ahuyenta los chinches dejándolas secar sobre sillas o catres atestados de este bicho.

«Para dolores de cabeza la «Yerbabuena» se mezcla con un poquito de sal, y se calienta en el fuego y después se aplica a la frente se mitiga el dolor.

«Cuando alguno tiene el cutis amarillento por consecuencia de no «haberse salido al Sol», se aplica al cuerpo hojas de la yerba «Batolong» y se sanara.

«Para «hinchazon de vientre por causa de calor» se debe tomar cocimiento del arbusto «Lacadbulan» o salvia.

«Para curar los calambres provenidos de mucho trabajo corporal o material, las hojas de Romero se friega en la parte dolorida o suspensa del cuerpo y se sanara.

«Para que los niños de pecho «espelan por el conducto natural» lo «que han mamado en el vientre», se cogen yerbas de «Corocanding» y después de machacarlas con la mano se aplican al vientre, y verá en breve el efecto también para este fin es bueno las de la «Tarotarayo» o «Sorosoró» machacandolas en el agua que se le «ha de dar de bañar» al chiquillo.

«También es «contra aire» la pepita de Calombibit o Dalogdog, pues para el que padece este mal se le debe de dar medio vaso de agua mezclada con la pepita de dicha yerba asada y «polvoreada» y se sanará.

«Las hojas de la yerba Rangá o Camantigue haciendo en cocimiento es bueno para lavar la herida o llaga que provenga de la enfermedad «gangrena».

«El Barang o Zarzaparrilla, tomando el cocimiento de su tronco en agua de tiempo sirva para purificar la sangre.

«Las Malvas es un refresco sano para el convaleciente, se puede tomar en cocimiento para refrescarse o en lavativas, para retención de orina es bueno tomar tres cinco o siete ponos de malvas con la raíz de las que aun no han dado ninguna flor, se quita las ramas y la parte de tallo quedando solo el tronco y raizes de que se hace un cocimiento, y en ayunas o en cualquier hora del día se toma y verá como se orinará. Para este mismo padecimiento el cocimiento de la yerba «Torotogod» o grama.

«Para que los chiquillos que tienen «lumbrises» las espelan con facilidad se debe coger muchas hojas de la yerba «Bagnagan», se pila y después se calienta en el fuego, y a las ocho de la noche se aplica a la boca del estómago del enfermo poniéndole una faja para que no se caiga. Para picadura de Culebras ponzoñosas es un remedio infalible las hojas de la yerba «Badian na burit pilan dolas» y aplicando a la picadura.»

Tras la anterior lectura no hay más remedio que descansar.

Capítulo VIII. Ligao

Su situación. Etimología. Historia. Fundación. Los libros parroquiales. Primeras partidas bautismales. El padre Crespo. La fe y el patriotismo. Veladas lírico-literarias. Gramática bicol-española. Ideas antitéticas. Frey Pedro Payo. Estadística. Oás. Su etimología. Su fundación. Jurisdicción de Oás. Productos y estadística. Párrocos europeos de la Iraya-Polangui. Su etimología. Su fundación. Estadística. Campos de Polangui. Libon. Etimología, situación, historia, productos, obras y estadística. Antigüedad de su iglesia. Regreso a la cabecera

En el partido de la Iraya, y entre Guinobatan y Oás, se encuentra el pueblo de Ligao. Está situado en un extenso y hermoso valle a la derecha del río Cabilogan, siendo su clima templado y agradable.

Dista de Guinobatan 12 km., 6 de Oás y 42 de Tabaco por el nuevo camino que recientemente se ha construido, bajo la inteligente iniciativa de su último Alcalde mayor don Joaquín Beneyto. Esta vía ha abierto nuevos horizontes comerciales a la provincia de Albay, adquiriendo gran importancia el puerto de Tabaco, mucho más seguro y resguardado que el de Legaspi.

Algunos creen que el nombre de Ligao está tomado de un árbol, así llamado, que antiguamente abundaba en su término: nosotros respetando esta opinión nos inclinamos a creer que aquella palabra es corrupción del término bicol «Licao» que significa «irse» o «separarse», no siendo extraño se le diera tal denominación al tener en cuenta la situación que ocupa aquel pueblo, «separado» en la antigüedad por larga distancia de la carretera real.

Los reyezuelos que mandaban las rancherías que formaron Ligao, denominábanse según manifiesta el erudito padre Huertas, Pagquilatan, Macabangoy, Sampongam, Mabao y Hocoman que imperaban en la ranchería Babasi, la misma que después fue visita del pueblo. Dichos régulos se hallaban discordes entre sí sobre el mando superior, dirimiendo estas contiendas un cabo español, y concediendo el mando al Pagquilatan, quien se sometió a los españoles con todas sus rancherías. La conversión de este pueblo se comenzó por los padres Franciscanos el año 1606, hallándose una partida bautismal de 24 de agosto de 1608 firmada por el padre Luís de San Juan, según consta en los libros de la iglesia de Polangui, a cuya matriz perteneció Ligao en sus principios. Después fue agregado al pueblo de Oás, y más tarde en el año 1665 fue separado adquiriendo propia autonomía. La actual iglesia se construyó en 1709 habiendo sufrido de entonces acá, notables transformaciones. En estos últimos años y merced a la constancia de acero de mi querido amigo el padre Crespo, se ha cambiado completamente al gusto moderno la iglesia y casa parroquial. El padre Crespo es el prototipo acabado del misionero de la fe y el patriotismo: espíritu batallador, que lo mismo sabe dominar las fatigas de su cuerpo en las largas noches de insomnio en los hospitales de coléricos, que vencer con un entusiasmo sin límites y una tenacidad a toda prueba los múltiples obstáculos que por doquier se le presentaron para organizar y dar carácter permanente a veladas lírico-literarias, que periódicamente se celebran en aquella casa, en la que el libro, la revista y el periódico tienen un lugar preferente. El padre Crespo es autor de una notable gramática bicol-española[3] y de sinnúmero de folletos, poesías, artículos y leyendas, todas ellas impregna-

3 En la Exposición Filipina figura un ejemplar con notas manuscritas de su autor. (N. del A.)

das de las notas que vibran siempre en todos los escritos del padre Crespo. Los antiguos caballeros tomaban por «mote» Dios y su dama: el franciscano que nos ocupa, su enseña es la de religión y España. De no pocas críticas ha sido objeto el autor de estas líneas por la forma en que ha tratado a los frailes, no viendo muchos la manera de armonizar sus ideas con las antitéticas del fraile: esto, no obstante, diremos que el mutuo respeto ha sido el eslabón que nos ha unido, a pesar de estar tan distantes en no pocas apreciaciones que abrigan algunos, no todos los frailes que hay en Filipinas. Por lo demás, dejando a un lado excepciones que en toda sociedad o institución existen, repetiré una y mil veces que en los diecisiete años que he vivido en aquellas provincias españolas, siempre he encontrado en mi camino no pocos frailes, verdaderos modelos de patriotas y caballeros, figurando a la cabeza de esta legión el jefe de aquellas Iglesias, el dominico Frey Pedro Payo, que bien recientemente ha adquirido España a sus gestiones un hermoso barco, pudiéndose admirar cuanto contiene la Exposición Filipina, merced a sus esfuerzos, presidiendo aquella junta central.

Dependen de Ligao once barrios, comprendiendo entre estos y aquel un total de 17.244 almas y 4.251 tributos. En el año 1878 se verificaron 121 casamientos, 699 bautizos y 432 defunciones. Hay radicados en aquel pueblo veintitrés europeos y cuarenta y siete chinos. Asisten a las escuelas, por término medio, 170 niños y setenta niñas, hablando medianamente el español unos cuarenta entre ambos sexos.

Al Noroeste de Ligao, y a 3 km. de buen camino, se halla el pueblo de Oás. Esta palabra quizás sea derivación del término anticuado bicol «Ovás», que quiere decir «perder en la carrera». Hoy se sustituye aquella palabra por la de «Ombás».

El cronista de la Orden de San Francisco, dice respecto a la fundación de este pueblo que, doce personas principales de varias rancherías, bautizadas en un mismo día, fueron sus fundadores. Dichas personas debieron ser bautizadas por los años de 1585 a 1587. Del día 13 de septiembre de 1587 ya se registra una partida de bautismo, firmada por el padre Jerónimo de Aguilar, quien desplegó tal celo por la conversión de este pueblo, que desde el referido día 13 hasta el 8 de octubre del siguiente año 1588, bautizó aquel padre 451 personas de diecinueve años para abajo.

La jurisdicción de Oás se extiende de Norte a Sur 6 leguas, y 2 de Este a Oeste. Tiene montes con buenas maderas, bejucos, burí, excelentes pastos y caza mayor y menor. El terreno cultivado es de regadío gran parte, y sus productos consisten en arroz, abacá, maíz y caña de azúcar. Sus naturales se dedican a la agricultura y beneficio del abacá.

Oás, con sus doce barrios, contiene 11.373 almas, registrándose en 77 cabecerías 3.343 tributos; hay radicados un europeo y treinta y nueve chinos. Se inscribieron en los libros parroquiales 464 defunciones, ochenta y tres casamientos y 603 bautizos. A las escuelas publicas concurrieron, por término medio, 340 niños de ambos sexos, de los que solo setenta conocen medianamente el español. En el cuadro de criminalidad de la provincia figura Oás con veintitrés individuos procesados.

El epigramático y profundo bicolista padre Santos, párroco de Oás, juntamente con el reservado y taciturno de Polangui, el austero y asceta de Camalig, el correcto humanista de Pilar, el furibundo hidrópata de Daraga y el obeso y grave de Libón, constituían el año 1880, con los ya nombrados anteriormente, el clero parroquial europeo del distrito de la Iraya, de cuyo partido solo nos falta conocer los pueblos de Polangui, Libón, Quipia, Donzol y Pilar, encontrándose el primero de estos distante de Oás 6 km., de Ligao 7,50 y de Libón 6.

El nombre de Polangui creen algunos fue tomado de un frondoso árbol así llamado, que existía en el terreno de su fundación. Eruditos filólogos bicoles creen que Palongui se deriva de «Polangguisoc», o sea «Pola na Guisoc», que es «Guisoc», o «Gijoc», que significa encarnado.

Se formó este pueblo, según el historiador padre Huertas, de cinco rancherías de unas 100 personas cada una, con la singular circunstancia que los primeros que se bautizaron fueron veinticinco hombres en un mismo día, y todos ellos aparentaban tener de sesenta años para arriba. Su fundación debió verificarse a últimos del año 1583 o principios del 1584, porque en un antiguo manuscrito que se conserva en los archivos del convento de Franciscanos en Manila, consta que Palangui ya era pueblo en esta última fecha, siendo su fundador el padre Baltasar de la Magdalena, fijándose primeramente en el sitio llamado «Binanuan», de donde se trasladó al hermoso valle que hoy ocupa.

Polangui, con sus 4 barrios, suma 8.490 almas, tributando 4.936 en 54 cabecerías. El número de casamientos, bautizos y defunciones está representado por 93, 374 y 210 respectivamente. Asistieron 120 niños de ambos sexos a las escuelas, de los que escasamente entienden el español media docena. Hay 2 europeos radicados y 26 chinos. Su criminalidad la representan 12 procesados.

Los campos de Polangui son fertilísimos, siendo regados por 10 ríos sobre los que hay 17 puentes. Se cultiva no solo abacá, si que también arroz, calculándose en 20.000 cavanes su cosecha anual.

A 6 km. de Polangui, encontramos el antiquísimo pueblo de Libón, último de la provincia de Albay entre esta y la de Camarines Sur.

«Libon» o «Libong», pues de ambos modos se pronuncia, significan el acto de «matar salteando». «Libong» es palabra anticuada, diciéndose hoy «Ribong» que es «confusión intelectual, o acto de engañar a uno en alguna cuenta». Tomando en pasivo aquella palabra, significa «marearse». Me inclino a creer que la etimología de «Libon» hay que buscarla en la palabra bicol «Libtong», que quiere decir «sitio profundo».

El pueblo que nos ocupa fue fundado por el valiente don Juan de Salcedo a fines de 1573, siendo por lo tanto uno de los más antiguos de Filipinas. Hasta el año 1847, perteneció como todos los de la Iraya a Camarines Sur.

En Libon hay una magnífica iglesia de ladrillo. La bóveda del presbiterio es del mismo material, y es asombroso el ver cómo ha resistido a tantos y tantos temblores de tierra como se han sucedido desde que fue edificada.

Entre los objetos que posee esta iglesia, hay una campanita en la que se lee perfectamente el año 1600. El altar mayor, de tres cuerpos y de orden compuesto, es exactamente igual al de San Francisco de Manila.

En el barrio de Pantao hubo un arsenal en el que hasta principios de este siglo se construyeron buenas y sólidas embarcaciones. El lugar que ocupó el astillero lo indican dos cañones de hierro de grueso calibre, que en otros tiempos resguardaron aquel puerto de las piraterías moriscas.

El vecindario de Libon con sus barrios llega a 3.666 almas, tributando 1.882 en veintiún cabecerías. Su estadística parroquial registra veintinueve casamientos, 156 bautizos y setenta y cinco inhumaciones. Europeo solo lo es el párroco, contándose en aquel vecindario dos chinos. De los sesenta niños que asisten a las escuelas, no hay ninguno que conozca el español. No tuvo criminalidad.

Los pueblos de Quipia, Donzol y Pilar, que están muy distantes de la carretera que hemos seguido, ya los encontraremos cuando hagamos la visita al partido de Sorsogon.

De Libon regresamos a la cabecera.

En el tiempo que estuve en Albay, tuve ocasión de apreciar en todas sus manifestaciones, lo que es la prestación personal, siendo mis observaciones objeto del siguiente Capítulo.

Capítulo IX. Prestación personal

—¿Querías ver funcionar lo que se llama en presupuestos prestación personal? Pues hela ahí. Esto me decía un amigo encontrándonos sobre el camino que dirige a Daraga en una hermosa tarde, señalándome una doble hilera de indios de poca edad la mayoría, que «parecía» querían trabajar en el arreglo de un terraplén. Había unos 300 hombres, y entre ellos poquísimos tenían herramientas.

—Y bien, si no me explicas lo que es la prestación personal, poco podré saber por lo que veo.

—Puesto que no tenemos prisa y hay tiempo, sentémonos bajo un árbol y teórica y prácticamente podrás apreciar esa cuestión tan debatida en la prensa y en los proyectos, llamada prestación personal. Todo indio —dijo mi amigo encendiendo un cigarro— tiene derechos y deberes con relación al Estado y a la provincia en que vive, estando entre los deberes el de trabajar cuarenta días[4] dentro del año, en la jurisdicción de su pueblo. De este trabajo están exceptuados los privilegiados por sangre, por inutilidad o por edad. No habiendo ninguna de estas circunstancias, todo indio que cumple los dieciocho años debe trabajar hasta que llega a los sesenta, los cuarenta días en beneficio de la circunscripción del pueblo en que está avecindado. El indio pudiente que no quiere trabajar puede redimirse, y en este caso la ley le admite dicha exención mediante una cuota. La redención puede ser total o parcial, la primera se adquiere pagando 3 pesos, al principio del año, llamándose esta contribución exención de polos. Veamos ahora la parcial, o sea la redención por días llamada falla.[5] El cabeza de barangay una vez que hay dispuesto un

---

4 Con la creación de la cédula personal se ha reducido a quince el número de días. (N. del A.)

5 La «falla» se ha sustituido por la multa. (N. del A.)

trabajo, anuncia con tiempo a sus polistas el día que han de salir a hacerlo, y el que quiere redimirse de él da 12 cuartos y con ellos paga su jornal.

—Pues no exigiéndose más de 12 cuartos y pagando, como en esta provincia paga, el particular a 40 o más el jornal, desde luego se supone que todos los indios se rediman, bien por año o bien por días —objeté yo con la mayor candidez del mundo.

—Pues ahí verás tú, sucede todo lo contrario, y cuesta un triunfo el poder llevar algunas fallas a las cajas de la provincia. La prestación personal es uno de los asuntos más dignos de estudio, y sin embargo, casi puedo asegurarte que es el que menos se ha profundizado. Se juega continuamente con una serie de palabras, cuyos significados constituyen los verdaderos ingresos de la colonia, y sin embargo no se llega a definirlas en la práctica en su verdadero valor. Mucho se habla de economía política, de proteccionismo y de derechos y deberes; pero pocas, poquísimas veces, vemos que se aquilaten en lo que significan, en lo que son y en lo que pueden ser las palabras prestación personal, polos, fallas, comunidad y subsidio y tanorias y guardias, palabras en las que se juegan una porción de millones y en las que se encierran todas las obligaciones del indio en la esfera gubernativa, pues en la administrativa tiene otras que tienden de día en día a regularizarse. Un administrador de Hacienda sabe perfectamente cuánto debe ingresar un pueblo por concepto de tributo, lo mismo que el párroco conoce al centimaje la cantidad que a su iglesia corresponde por concepto de «santorum»; en cambio, los cálculos en las oficinas de fondos locales jamás podrán ser ni aun aproximados en la cuestión de fallas mientras dure el actual sistema. No pudiendo fijarse cifras, dime si hay calculo posible, ni presupuesto aproximado, y dime asimismo si esta cuestión no merece la pena de que se estudie de una vez, se discuta, se analice y se vea la forma y manera de que obedezca a reglas y principios fijos. Ves esos individuos, ¿qué hacen?

pasar el tiempo lo mejor posible. ¿Ves aquel que lleva una esportilla? ¿qué ha hecho en la media hora que llevamos aquí? casi nada. ¿Qué ha hecho aquel otro que tiene por toda herramienta de trabajo una caña afilada? remover dos puñados de tierra y levantar un poco de polvo. ¿En qué se han ocupado aquellos otros, que no tienen herramienta alguna? en extender con los pies un poco de arena. ¿Es esto trabajo, es esto beneficio?

—Poco es en efecto —repliqué yo—. ¿Pero a esa gente no se la vigila? ¿Por qué no se la reglamenta?

—Tá, tá, tá —dijo mi amigo— y al vigilante, ¿qué le importa que trabajen o no? ¿Es suyo el camino? No, ¿pues entonces? ¿Sientes a nuestra espalda el ruido de la cuchilla del beneficiador de abacá, o sea el jornalero que paga el particular? Pues bien, a ese bracero nadie le ha preguntado quién es cuando llegó esta mañana a ese late, cogió una herramienta, cortó un pono, limpió sus hebras, las acumuló con las de otros y al caer el Sol colgará de la romana el montón de blanco filamento, y ya sabe que si ha beneficiado una arroba, media es suya, recibiendo en el acto el precio de su trabajo. Por bajo que esté el valor del abacá, siempre puede ganar un bracero más de 30 cuartos. ¿Por qué, pues, esos 300 hombres no prefirieron esta mañana al amo que les da 30 o más y sí al que solo les data 12? La contestación la tienes sobre el terreno. El obrero del Estado trabaja poco o nada, el obrero del particular, por el contrario, trabaja mucho y duro. Hace falta, muchísima falta, escribir menos y observar en la práctica mucho más.

—De modo que si tú algún día hablaras sobre este particular con el Ministro de Ultramar, por ejemplo, ¿qué le dirías?

—Pues le diría lo siguiente. Las fallas, tal como hoy existen, perdieron toda su razón de ser en el mero hecho de que no responden a la idea del que las creó. Antiguamente todas las obras de las provincias las hacía el fraile o el Alcalde con el trabajo personal, o sea la antítesis de la falla; entonces se hacían obras que requerían trabajo duro, constante y pesado; antes la vigilancia podía hacerse porque se localizaba el trabajo en un punto dado al que podía llegar la inspección; antes un fraile decía a un Alcalde, o un Alcalde a un fraile, vamos a hacer una iglesia, como San Agustín por ejemplo, o un puente como el de la Perseverancia, pongo por caso, y tras aquellas palabras, ni más papeles ni más expediente, se abría a las pocas horas un cimiento por la piqueta de la prestación personal, cuya prestación personal no dejaba la obra hasta que fijaba en su punto mas culminante una sencilla cruz con el añejo «Finís coronat opus». El trabajo personal entonces era una verdad, se circunscribía al círculo de los muros de un convento o al espacio que separan los estribos de un puente, y la prestación personal perfectamente vigilada sabía que desde formar el horno para hacer la cal hasta cepillar el último trozo de madera, todo lo había de hacer. Con esto, dicho se está, que fallaban cuantos querían los encargados de la obra. Faltaba dinero para el hierro, por ejemplo, pues se admitían fallas y se cubría en seguida la cantidad. ¿Pasa hoy esto? No, hoy la prestación personal está reducida a la recomposición de los caminos, a la construcción de escuelas y cuarteles, obras que necesariamente han de ser insignificantes, pues que son de materiales ligeros, y a la limpieza de las calles. Hoy para hacer una alcantarilla se necesita por lo menos un ingeniero, un teodolito, media docena de banderolas, unos cuantos metros de papel tela, un plano, un proyecto, un expediente y un estuche de matemáticas. Hoy, añadiría al señor Ministro de Ultramar, es preciso variar la forma de ser de la prestación personal, y para hacerlo y hacerlo con cordura es preciso oír antes no a los que la conocen en teoría, sino a los que han tenido necesidad de estudiarla y bregar con ella en la práctica en sus menores detalles. De cada una de las órdenes monásticas se podría designar por sus provinciales un individuo de los que siempre han ocupado curatos en provincias, pudiéndose nombrar por el Gobierno general cuatro Gobernadores de los de más antigüedad en el país, formada esta Junta se les pediría informe sobre el asunto y con este primer elemento se vendría a una buena reforma. Muchas más cosas le diría al señor Ministro de Ultramar sobre el particular, pero estas muchas cosas se las diría de silla a silla y como S.E. no puede hacerme el honor de dejarme acercar la mía a la suya por razón del charco[6] que las separa, de aquí el que renuncie a decir más por hoy.

6   Este Capítulo fue escrito en Filipinas, antes de la reforma de la prestación personal, y la abolición de la falla, mas como quiera que el trabajo comunal aunque reducido, existe, y los vicios en la forma de llevarse a cabo son los mismos, hemos creído conveniente dejarlo.

Capítulo X. Legaspi

Correrías moras. El comisario Juan. Un viejo uniforme y
una alma grande. Cuatrocientas orejas moras. Estadística.
El Tribunal, la iglesia y la casa parroquial. La imagen
de San Rafael. Un deportado de tiempo de Narváez. El
literato Fernández. Alguaciles y maitines. Las leyendas
del Capuntocan. Teatro Bicol

Legaspi es el primer pueblo que se encuentra en el partido
de Tabaco. Ya hemos dicho que donde hoy se levanta aquel,
existió la antigua cabecera de Albay, y que aún le llaman
algunos naturales Albay viejo.

El primitivo pueblo como todos los playeros de aquella
provincia, fueron blanco en el siglo pasado y principios del
presente, de las crueldades y correrías meras, en cuyas empresas vencedores unas veces o vencidos otras, siempre dejaban a su paso huellas de sangre e incendio.

Las piraterías moras no reconocían cuartel,
salvándose únicamente el hombre fuerte que le concep-
tuaban útil para los duros trabajos del esclavo, o la mujer
joven y hermosa que pasaba a ser en las tolderías moriscas
víctima del insaciable sensualismo de aquellas razas.

La esclavitud, el deshonor y el incendio, eran las consecuencias a que se entregaba el vencido, de aquí el que las
resistencias fuesen tan tenaces como el ataque.

En el poético canal que se abre frente a Albay y que divide
la isla de Bataan de la de Cagraray, achacoso y octogenario
vive el célebre comisario Juan, héroe de una de las correrías
moriscas. Marcialmente viste en las grandes solemnidades
un viejísimo uniforme de sargento y periódicamente cobra
una pequeña asignación en premio a sus servicios entre los

que descuella el siguiente: Una mañana se encontraba el Gobernador de Albay en su despacho, cuando se le anunció que un indio mal herido y cubierto de sangre deseaba hablarle. Recibido el permiso se presentó el hoy comisario Juan, y con el laconismo, indiferencia y poco valor que le dan los indios a los actos y acciones de la vida, le dijo al Gobernador al par que abría un tosco saco:

—«Señor; anoche asaltaron los moros el pueblo; a todos los cogimos, y como eran muchos, y las cabezas seguro no habría podido traer; aquí en este saco hay más de cuatrocientas orejas moras» —y esto dicho, las presentó ensartadas en una larga cuerda de abacá.

El valor del indio Juan fue recompensado con el título de comisario, uso de uniforme de sargento y pequeña pensión.

El pueblo de Legaspi recibió en 1856 ese nombre en honor del célebre navegante.

Legaspi, con los barrios que de él dependen cuenta con una población de 6.411 almas. Tiene 1.587 tributos, distribuidos en treinta y cuatro cabecerías. Se inscribieron treinta y cinco casamientos, 284 bautizos y 184 defunciones. Hay radicados ocho europeos y trece chinos, asintiendo, por término medio a las escuelas de 120 a 130 niños y otras tantas niñas, siendo ocho y seis respectivamente los que hablan imperfectamente el español.

A la estadística criminal dio ocho individuos.

Los grandes acopiadores de abacá poseen al pie de los almacenes que hay en Legaspi, sólidos pantalanes de madera que les facilita las faenas de carga y descarga. Este puerto es sin disputa el más importante de la provincia de Albay, sosteniendo un constante movimiento con el arroz que importa, y la gran masa de abacá que exporta, dándole algunos días extremada animación las operaciones del puerto, el prensaje y enfardamiento del abacá en los extensos almacenes.

Fuera de la vida comercial poco notable tiene Legaspi de que podamos ocuparnos. El Tribunal, la iglesia y la casa parroquial son pobrísimas, sin razón de ser que justifique semejante pobreza, puesto que su municipio lo forman no pocos mestizos ricos; y en cuanto a la iglesia, baste decir que en ella se venera una célebre imagen de San Rafael, que viene a representar no solo para la provincia de Albay, si que también para otras de Luzón y aun de Visayas, lo que la Virgen de la Paloma es para los madrileños o la de Antipolo para los manileños.

Las deportaciones de Narváez, llevaron bastantes individuos a la provincia de Albay, en donde la mayoría de ellos se casaron y no pocos hicieron su fortuna. En Legaspi, vive un antiguo deportado maestro constructor de coches, que en sus ratos de ocio se dedica a la literatura. Jamás hemos podido amalgamar la pueril inocencia, hábitos pacíficos y bonachón carácter de aquel deportado, con los antitéticos que debían delatar al conspirador; y en efecto, esta es la bendita hora (y cuidado que han pasado unas pocas), que no ha podido averiguar el bueno de Fernández el por qué una noche que se retiraba a su casa después de rezar unos tiernos maitines en San Ginés, le echaron mano los alguaciles encontrándose al cabo de once meses de navegación en pleno Filipinas.

El pueblo que nos ocupa, como todos los indios, tiene sus correspondientes leyendas, fijando la tradición popular una de ellas en las cuevas que a la derecha del pueblo abren hueco en las entrañas del Capuntocan. Se cuenta que en estas cavernas habita encerrado un genio enamorado de una diosa, que a su vez llora ausencias amarrada a las peñas del Griñong de Albay, atribuyendo aquellos naturales que este cautiverio durará hasta que rompa las cadenas el gran monstruo que habita en las profundidades del volcán.

Yo no sé si las aficiones poéticas de Fernández habrán influido en las del pueblo; pero lo cierto es que sus vecinos prefieren el teatro bicol a toda otra diversión, y puesto que nos encontramos en lugar a propósito para tomar del natural un cuadro de costumbres indígenas no desperdiciemos la ocasión.

Capítulo XI. Talía a la luz de un juepe

Encontrándome en Legaspi supe que con motivo de aproximarse el «pintacasi» de dicho pueblo, «bullía» en las munícipes cabezas, entre otros obsequios, dar una comedia, utilizando únicamente los elementos del pueblo. Tan luego supe semejante proyecto, me propuse seguirlo paso a paso, aun cuando tuviese que detenerme en Legaspi los dos meses que faltaban para la fiesta, y al efecto alquilé una casita inmediata a la que habitaba la respetable persona del Gobernadorcillo, quien en tales casos es empresario, director de escena, y hasta algunas veces autor y actor, siendo, por lo tanto, su casa templo obligado de Talía, y su persona su primer sacerdote.

Al segundo día de ser vecino del más alto de los munícipes, adquirí amistades con la respetabilísima y nunca bastante cantada mi señora Doña Tintay, Capitana en ejercicio, moza ya entrada en años, de anchas caderas, gran verbosidad, gran fama como matrona y gran influencia como legítima esposa, de legítimo matrimonio con el Gobernadorcillo del pueblo de Legaspi, el señor Tenten, con quien hacía treinta años compartía en paz y en gracia de Dios la distinción de Cabeza, primero, llamándose entonces «Cabezang» Tintay, la dignidad de Teniente mayor después, en que pasó a ser «Tenientelang» Tintay, y la majestad de Capitán más tarde, en que cambió todos los anteriores calificativos por el nuevo y retumbante de «Capitana» Tintay, capitanía que ya jamás abandonará, pues aun cuando su consorte se despoje de la recortada y negra chaqueta y de los tiesos y blancos faldones que le dan carácter, sustituyéndolos por los remangados calzones y la abierta camisa del sementerero, Tintay seguirá siendo la «Capitana» Tintay.

Las cañas del «batalan» de la casa de Tintay y las de la mía, no digamos que se besaban, pero sí se arañaban unas a otras.

Tintay salía con frecuencia al «batalan», yendo unas veces en busca de menesteres de una casa arreglada, y otras a hacer menesteres ajenos a la casa. Siempre que la Capitana se hacía visible procuraba serlo yo, y cuando esto ocurría cambiábamos recíprocos cumplimientos, que solían terminar con un chiquirritín «buyito», que ella me daba, y un negro y retorcido tabaco de Arroceros, que la daba yo. Tintay mascaba tanto como Tenten, con la diferencia que este tenía siempre la boca llena de «buyo», mientras que su cara mitad se las arreglaba con las hojas de Cagayan.

Una de las tardes en que Tintay asomó su arrogante figura al «batalan», noté en ella ese embarazo propio de toda india que quiere pedir algo a un «castila». Primero, me dijo «deseaba dar un rato de conversar conmigo»; después, y antes de «darme» nada, abrevió varias veces los nombres de la Sacra Familia, lanzando, como por vía de exordio, dos o tres «Osus-María-seff», hasta que por último, entró en materia, y en materia muy de mi agrado, pues se trataba nada menos que de la proyectada comedia. Tintay, fundándose en que los «urofeos» somos «muy masiados» en esto de comedias, me rogaba tuviese «un poco no más de paciencia con ellos». Este «poco» me pareció de una magnanimidad más grande que la de Job; pero a trueque de profundizar todos los misterios de los bastidores bicoles, la prometí tener a su «disposición», no un poco, sino toda la paciencia que me pidiera. Hecha mi oferta, me dijo Tintay que aquella noche me esperaba, pues se iba a conversar de la «funcia».

Más exacto que un cronómetro, me presenté en la casa de Tintay, quien tanto ella como su marido me recibieron con grandes muestras de contento. Después del consabido «siente usted primero», frase en que el indio condensa y sintetiza todas nuestras salutaciones, me hice cargo de cuanto me rodeaba. En la sala había una veintena de Adanes y una mitad de Evas. Ellas y ellos, según supe más tarde, componían lo más azul de la sangre del pueblo. Me río yo de toda la gravedad del Reistag alemán, de toda la seriedad de los Comunes de Inglaterra y de todo el estiramiento de la Puerta Otomana, ante la cómica gravedad que respiraban todas las «candongas» de las «ñoras» y toda la tiesura y almidonamiento de los «faldones» de los munícipes.

Capitán Tenten abrió la boca y en perfecto bicol dijo a la reunión que la «derramita» que había echado para obsequiar al pueblo había dado 700 pesos, los mismos que guardaba en su arca su «digna» esposa.

Lo del «obsequio» y lo de la «digna» esposa no lo entendí bien al principio, más luego lo fui comprendiendo tan perfectamente que casi casi me atrevía yo a hacer todos los meses un «obsequio» como aquel. En cuanto a lo de «digna» me explicaron que en juntas solemnes como aquella, el capitán siempre que tiene que nombrar a su mujer lo hace anteponiendo un adjetivo más o menos respetuoso.

Una vez que aquella alta Cámara aprobó, como si dijéramos, la orden del día anterior, que eran los 700 «machacantes», se entró de lleno en la del día que era la «Comediajan». La discusión fue larga y templada, y aunque las representantes del sexo débil abusaron de la palabra, no se oyó una más alta que otra, viniendo todas a un perfecto acuerdo tan luego como la digna Tintay lanzaba por entre olas de negra saliva su consabido «Osus-María-seff».

Se trataba de representar una comedia y ni había cómicos —y no cómicos así como se quiera, sino cómicos que habían de resistir ocho o diez noches seguidas de función—, ni había teatro, ni atrezzo, ni autores, ni obra, ni apuntador, ni nada absolutamente de cuanto hace falta para el más modesto templo de Talía, pero esto para nada preocupa la imaginación del indio que formula un deseo, siendo verdaderamente asombrosa la facilidad con que crea, remedia, adiciona o «remienda» cualquier proyecto. Habían dicho que habría comedia y aun cuando nada tenían, de seguro se representaría.

El primer punto que aquella noche se puso a discusión fue la designación de «señoras» —nombre que dan los bicoles a las actrices—. Aquí no podemos menos de hacer la salvedad —pues es de hacer—, que el capitán de un pueblo cuenta en absoluto con todas las voluntades, así que no hay temor de que al señalar a fulana o a mengana reciba un desaire.

Una vez aprobado que la comedia precisamente había de tener una reina cristiana, una emperatriz mora y tres princesas neutras, se recorrió todo el personal de «dalagas» del pueblo, conviniéndose por último en que la cristiana había de ser «Pupen», guapa y robusta mocetona de diecisiete abriles, muy a propósito para representar toda la altivez de una «princesa» cristiana. Para la mora hubo un poco de discusión, opinando unos que «Acay» era más a propósito que «Beten» y otros lo contrario, pero la opinión se decidió por la última, ante la justa observación del «Directorcillo», quien dijo que la mora tenía que ponerse calzoncillos muy cortos y las pantorrillas de Acay eran muy delgadas. Como se ve, aquel «Directorcillo» presiente el porvenir de los Bufos en el extremo Oriente. Para las tres princesas no hubo dificultad alguna, en que lo fueran «Momay, Ganday» y «Gisan». En la elección de las cinco «señoras» supe se había tenido un especial cuidado en escoger «dalagas» de lo más «mabansay» del pueblo.

La elección de reyes, príncipes y emperadores la dejaron hasta conocer toda la «partida» que requiriese el argumento.

En esta clase de espectáculos no visten y costean los trajes de las actrices sus familias y sí las que designa la junta, quien tiene un especial cuidado «en dar de vestir» a las casas más pudientes del pueblo. Se escogieron las cinco, cuyos dueños, que estaban presentes aceptaron sin objeción alguna, y acto seguido se procedió a nombrar director de escena, director de magia y director compositor. Para el primer cargo se nombró al Juez mayor de policía, cuya obligación se reducía «nada más» que a construir teatro, adornarlo, iluminarlo y darlo listo: la magia quedó al cuidado de la experiencia del vacunadorcillo y el proporcionar comedia fue encargo que se hizo al Directorcillo, a quien por un favor especial se le agregó el maestro, sin duda para que en sus conocimientos de letras llevase la censura y corrección de la obra. En cuanto a la alta inspección de «todo», quedaba, como era consiguiente, a la experiencia de Tenten y de su «digna» Tintay.

Un «maray na bangui» de la capitana, que es como si dijéramos, buenas noches, en tierra de Castilla, disolvió aquella pacífica reunión, en que fui varias veces consultado, diciendo a todo «amén», pues mi objeto era ver y no adicionar detalle alguno.

A los ocho días de celebrarse la anterior junta, todo el pueblo estaba en movimiento. Por mañana y tarde un redoble de tambor y un alegre paso doble convocaba a todo el que gratuitamente quería contribuir a levantar el escenario.

Como la fiesta era para el pueblo, este en masa acudía a la gran explanada, cerca de la mar y a la vista del Mayon, que se había elegido para construir el teatro. El que no llevaba una tabla, lo hacía de una docena de cañas, el que no arrastraba cuatro bongas, cargaba diez rollos de bejucos, y el que nada de esto tenía, llevaba sus manos y con ellas y su buena voluntad iba la cosa adelantando como por ensalmo. Esto en cuanto al teatro. En cuanto a la obra, el Directorcillo se había hecho con una antigua comedia de magia, que según todos los que la conocían sobrepujaba a la del célebre «don Teñoso» o a la casi inmortal de «Los guantes amarillos». El Directorcillo tuvo que vencer sin embargo varios inconvenientes, pues la comedia tenía tres majestades femeninas y cinco princesas, y como solo podía disponer de dos de las primeras y tres de las segundas, de aquí que el hombre tuvo que «comerse» por buen componer unos cinco mil versos y sustituir no pocos nombres con otros. Descartado el personal y hecho el «arreglo», le quedaba el epílogo en que es de «ene» que todas y todos convertidos al cristianismo se casen en paz y en gracia de Dios, con arreglo a su clase, uniéndose los reyes con reinas, y las princesas con príncipes, y una vez atados con el santo yugo se adelantan al público y ejecutan una especie de «loa» en obsequio al Alcalde, al Cura y al Gobernadorcillo, y como los nombres y circunstancias de los actuales señores no eran los mismos, ni las mismas que las del original, cuyos individuos hacía muchos años habían muerto, de aquí que mi pobre Directorcillo menudease las consultas con el maestro, y se rascase varias veces todo lo rascable hasta encontrar un centenar de consonantes para aliñar una veintena de quintillas, que gracias a que el Alcalde no entiende el bicol, y el Cura no asiste al espectáculo, que a no suceder lo primero o lo segundo estarían muy seriamente amenazadas las costillas del Director coplero.

La comedia que había «dado de ver conmigo» mi amiga Tintay estaba dividida en diez infolios, conteniendo cada uno de ellos unos 8 a 9.000 versos, formando quintillas y redondillas en su mayoría. Cada parte correspondía a una noche, de modo que la comedia había de durar diez, a no ser que se repitiese —pues se dan casos— y entonces la obra se «empalma» y se estira un mes.

No quiero privar a mis lectores de la distribución y nombres de los personajes, así que copio al pie de la letra todas cuantas tiene la primera página de la famosísima comedia de magia «El Príncipe Don Grimaldo en el Reino de Sansueña».

Hélos aquí:

Eurica, reina mora.

Galiana, ídem cristiana.

Rogeria, Robuana, Igmidia, princesas.

Almadan, emperador.

Mahometo, rey.

Grimaldo, Bernardo Carpió, Brabonel, príncipes.

Don Aguilar, consejero.

Don Fernández, conde.

Don Rodríguez, capitán.

Dos graciosos.

Los doce pares de Francia, ejércitos moros y ejércitos cristianos.

Después de lo anterior, ni se marcaba época, ni lugar, ni distribución de escena; bien es verdad que, según iba viendo, para maldita la cosa hacían falta tan «pequeñísimos» detalles.

Llegó por fin la primera noche de ensayo, y aquí te quiero escopeta, con más fruición que si fuese a ocupar una barrera de sombra en día de plaza partida, me posesioné de un banco, en la mismísima del pueblo, que aunque no era de toros lo sería de la Constitución si estuviese en España.

Los ensayos se hacen siempre al aire libre, no solo porque los actores necesitan gran espacio para ejercitarse en el «moro-moro», si que también porque es justo que el público en general participe de todos las incidencias del espectáculo.

Una gran masa de carne humana formaba en extenso círculo, salpicado de gran profusión de «juepes» que daban más humo que luz: una mesa ante la cual se encontraban tres apuntadores llamados a relevarse unos a otros, cuatro bancos corridos para los comediantes, estando a la derecha ellas y a su mano contraria ellos, y las sillas presidenciales de los maridables «Tintay» y «Tenten» formaban el cuadro.

Una vez todos listos empezó el ensayo.

En las comedias bicoles no hay necesidad de lecturas, pases ni copias de papeles: el actor se coloca cerca del apuntador y repite cuanto oye sin variar de tono, parándose a cada final de verso. Con este sistema, claro está que para nada hacen falta los papeles; bien es verdad, que en esta clase de espectáculos, lo que menos significa es la parte literaria.

Siempre que tenía que presentarse en escena un personaje, lo llamaba el apuntador, a cuya llamada se ponía en pie esperando que le avisaran para entrar en su primer verso. Una de las cosas que más me llamó la atención fue que todos los actores declamaban accionando con un bastón, cuyo adminículo lo sustituían las actrices por el abanico.

En una de las escenas en que el rey Mahometo le dice a la princesa Rogeria que ya está al tanto de cuanto ocurre y que si cree que él se mama el dedo está equivocada, Rogeria que sin duda no tiene ganas de broma le contesta que eso de mamarse el dedo se lo cuente a su abuela, y para dar mayor fuerza al argumento llama a sus ejércitos y se provee de daga y espada; en esto el apuntador toca un pito, la música lo hace del Himno de Riego, entran en plaza precipitadamente ejércitos moros y cristianos, y se arma una de polvo y de latigazos que da gozo. Rogeria deja su sexo en el lugar que le corresponde, hiriendo al amigo Mahometo que no le quedan ganas de andar en tratos con princesas.

La parte que llamaríamos «de exposición» de la obra, lo era, en efecto, en la que se representaba, y tan lo era, que en uno de los ejércitos resultó un estacazo tan realista que tuvieron que dar dos puntos en la cabeza a un moro.

Todas las escenas que se ensayaron aquella noche constituían otros tantos caramillos para acudir a las armas, siendo ellas las más dispuestas a resolver los problemas más sencillos a estacazo limpio. A las dos de la madrugada se pronunció la última letra del primer tomo de la obra, y se anunció su continuación frente a la casa de Capitán Perto.

Pregunté el por qué no habían de seguirse los ensayos en la plaza, y me contestaron que solo se hacía allí el primero, verificándose los demás frente a la casa del que «convidaba».

—¡Ah, vamos! ¿con que hay convite?

—Sí, señor —me replicaron, el que quiere comedia avisa y toda la «gente» representa frente a su casa en la que actores, directores, traspuntes y público de «categoría» cenan después del ensayo. La «cosa» me pareció muy bien, y como yo componía «categoría» participé en las noches sucesivas de las doraditas lonchas de lechón asado, víctima irreemplazable en toda reunión india.

Veinticinco de aquellos, que generalmente con perdón se nombran, habían sido inmolados, lo que quiere decir que veinticinco noches «habíamos» tenido ensayo, y digo «habíamos», porque poco a poco me había ido identificando con toda aquella «familia real», hasta el punto de creerme muchas veces ciudadano pacífico del reino de «Sansueña».

Al llegar al lechón número veintiséis se anunció que el teatro estaba concluido y por lo tanto que los ensayos se harían sobre el tablado.

El teatro en efecto estaba terminado.

Veámoslo por dentro y por fuera.

Un espacioso tablado cubierto de cañas y nipas y cerrado por tres lados de nipas y cañas, formaban el edificio. El tablado se hallaba dividido en dos partes, por medio de un enverjado fabricado con los susodichos materiales, y paralelo a lo que debía ser telón de boca, destinándose la parte posterior, para «foyer», como diría mi amigo Luís, de público, actrices y actores. En aquel movible salón me dijeron se colocarían biombos para vestirse y desnudarse tras ellos las «señoras», y como las funciones habían de ser de muchas horas, también me aseguraron se establecerían allí varias «carenderías». Los tres lados de lo que constituía el palco escénico tenían un corredor, y por bajo de este y a derecha e izquierda de aquel se hallaban sus correspondientes «palcos» destinados a las personas de «distinción» que convidase el Gobernadorcillo. En cuanto al corredor se utilizaba para declamar desde él algunas escenas.

El palco escénico no tenía más entradas que dos agujeros que se habían dejado en el fondo. Estos dos agujeros eran los únicos auxiliares de la escena.

Lo anterior éralo visible, pues aun cuando el teatro de Legaspi no tenía bambalinas, ni tetares, ni bastidores, ni telones de boca, ni de no boca, ni escapes laterales, ni gazapera para el apuntador, no faltaban sus intriguillas interioras, que si bien no las tapaban los lienzos de los telones ni las sombras de las bambalinas, las ocultaban las paredes de las casas en que se vestían a las «señoras». Un mercader chino, de esos que han nacido para el mostrador y que está tan incrustado a él como la sonrisa a su cara, me puso al tanto de cuanto ocurría. Por su conducto se habían hecho muchos pedidos a Manila de cintas, lazos, plumas, abalorios y lentejuelas, y hasta me dijo que uno de los «vestidores» había encargado medias de seda, ligas azules, y botitas imperiales de raso grana.

El orgullo y la vanidad habían sacado la cabeza en el pueblo de Legaspi, y cada cual quería que su «señora» sobrepujase en lujo y riqueza a las demás. Había una de noticias, chismes y enredos, que ni aun «Tintay», con su consabido «Osús-María-seff», podía contrarrestar. Desde que a las «señoras» les probaron el primer traje de raso, había entre ellas una marimorena muy cerca del repelón. Ya la cándida «Pupen» no era la morena «dalaga» de gustos sencillos, sino la orgullosa «señora» que presentía hasta la blancura de su cara ante la brocha del colorete. Ni «Pupen» se llamaba ya «Pupen», ni «Beten» se la conocía por «Beten», y sí por la reina Eurica la primera y por la reina Galiana la segunda, identificándose de tal manera en sus papeles, que tenemos la seguridad de que suponían que no otro tanto que ellas eran las reinas moras y cristianas. Este desvanecimiento tiene su lado malísimo, lado que no podemos menos de tratar muy en serio, hablando con la experiencia en la memoria. La mayor parte de las comediantas son muchachas muy jóvenes, tan bonitas como pobres. No conocen del mundo más que las 200 brazas de tierra que siembran, o el azul del cielo bajo el cual tienden las redes o peinan el abacá. A inteligencias tan dormidas se las despierta bruscamente, lanzándolas en un mundo completamente desconocido para ellas. Durante dos meses están siendo objeto de toda clase de atenciones, y como son bonitas, sus oídos oyen de continuo frases que, si al principio no comprenden, luego concluyen por envenenarles la existencia. Durante aquellos dos meses, no es solo el halago lo que las rodea, sino que también un lujo que no han visto ni soñado jamás. Su corto y áspero «patadión» se transforma en la crujiente falda de gró, sus pies los aprisionan diminutas botitas de raso, sus piernas se recubren de finas mallas, y en sus hombros, y entre las negrísimas hebras de su cabellera, descansan perlas y brillantes. El despertar de este hermoso sueño de la juventud debe ser horrible: después de haber llevado tantas galas, volver a la triste realidad de los harapos y la miseria, es de funestísimas consecuencias. Los espectáculos que describimos, en la forma con que se hacen, dan un gran contingente a la prostitución y a la cárcel. Antes de que una joven de quince años, de la clase que nos ocupa, lleve encajes y brillantes, es muy difícil la seducción: una vez que ha sido dueña de ellos, lo difícil es fácil. Conocemos una causa célebre, cuyo sangriento drama es muy de recordar tratándose de este asunto. Su extracto es muy corto: Una fría madrugada de invierno salían varios jóvenes calaveras de una casa en que imperaba la crápula y el desenfreno: al abrir la puerta, cayó al suelo un pobre barrendero que, hambriento y aterido, se había refugiado al hueco de su quicio para librarse de la nieve que caía con gran abundancia. Uno de aquellos calaveras cogió al muchacho del brazo y lo hizo subir al salón que acababan de dejar, en el que quedaban todas las últimas heces del desenfreno y la borrachera. La crápula volvió a empalmarse, haciendo participar al muchacho de todos los goces, recorriendo en dos horas cuantas páginas escribe el delirio inspirado por todas las pasiones. Cuando nada restaba por gozar, volvió el pobre barrendero a ser conducido a la calle.

La nieve caía en anchos copos, y el frío era intensísimo. La escoba, que aún estaba arrimada a la puerta, la puso en las manos del muchacho el joven que lo sacó de la calle, y al entregarle la escoba, le dio dos fuertes bofetadas, volviéndole a la triste realidad de la vida, al par que le decía:

—¡Imbécil, cuanto acabas de dejar solo se adquiere con dinero! Aún no se había perdido el ruido de las carcajadas de los libertinos, cuando ya germinaba en la mente del muchacho la idea del robo.

A los dos meses el barrendero estaba en presidio...

Sirva el saludable consejo que envuelve el anterior recuerdo, y volvamos a nuestro teatro de Legaspi.

Los ensayos sobre el tablado se completaron, y como todo llega en la vida, también llegó la alborada del día del «pintacasi» del pueblo. Nuestra misión no es describir en esta ocasión tales fiestas, de modo que solo lo haremos en cuanto se refieren a los comediantes.

A las ocho de la mañana se reunieron en casa del Gobernadorcillo, cómicas, cómicos y comparsas, vistiendo los trajes de más lujo que habían de lucir en la comedia. «Tintay» y «Tenten» con todo el acompañamiento de «moras y cristianas», de «reyes y emperadores», y de ejércitos fieles e infieles, asisten con todo el municipio a la función de iglesia, de aquí se dirigen al teatro y empieza la comedia. Los días siguientes continúa, pero solo por la noche. En la del día a que me refiero, y siendo las diez de ella, me constituí en uno de los palcos. Frente al teatro estaba todo el pueblo, y el que faltaba se hallaba dentro de aquel, repartido en los corredores, en los palcos y hasta en la misma escena, en la que solo quedaba el espacio suficiente para el accionado. El teatro estaba perfectamente iluminado con toda clase de aparatos. Allí había desde la elegante araña de seis bombas de tulipán, alimentada con petróleo, a la modesta lamparilla que chisporrotea en la «chireta» de coco.

Las reinas y princesas estaban irreprochables en cuanto a riqueza. Sobre aquellas cinco muchachas podría asegurarse estaban todas las alhajas más valiosas del pueblo, y tanto es así, que se solicitó del Alcalde un guardia civil para vigilar y custodiar a cada una de aquellas «niñas»; el Alcalde que es algo de broma, dijo bastaba con un «fusil de chispa», y en vez de guardias, dio cuadrilleros.

Los trajes de las «señoras», tanto moras como cristianas, eran de pura fantasía teniendo de cinco a siete distintos cada una de ellas. Vi una mora cubriendo su cabeza con pamela, y más de un moro que lo hacía con sombrero de copa. Con esto creo baste, pues son dos buenos botones para muestra. La única distinción que pude encontrar entre moras y cristianas, era en que las primeras vestían faldas cortas y las segundas lo hacían de cola muy larga.

En cuanto a los actores no puedo resistir la tentación de bosquejar a «don Bernardo Carpio». Este era un escribiente muy conocido en Legaspi, y su traje consistía en zapato bajo de charol, pantalón negro con ancha franja dorada, casaca azul con vueltas rojas en faldones y solapas y kepis con insignias de coronel, completando su atavío relucientes espolines, ancha espada de cazoleta, tricolor banda de seda, descomunales condecoraciones de papel dorado, amplios guantes de algodón y grueso palasán con puño de plata. Tal se presentó el bueno de «Bernardo Carpio» en el escenario de Legaspi.

Hasta las dos de la madrugada no terminó la primera parte.

En las noches sucesivas continuó el desempeño de la obra, cuyo argumento me conformaría con que tuviera «cuerpo» siquiera fuese «jorobado», ya que era imposible encontrarle pies, cabeza ni manos. Las escenas amorosas terminaban por lo regular con tan imprevistos incidentes, como imprevistas eran las resoluciones de los consejos y el éxito de las miles de empresas. Excuso decir que en los combates los descalabrados eran siempre los moros, por más razón que tuviesen, no amparándoles ni aun la poderosísima de ser a veces «más los malos que los buenos».

El autor de la obra no se había andado con tafetanes, apelando muy a menudo a recursos heroicos. Tan luego como un diálogo se hacía difícil, un monólogo se agotaba, o una escena no tenía fácil salida, el autor la encontraba bien sencilla en el momento, y al efecto se dio un caso en que la reina mora no sabiendo qué decir, roba en pleno consejo ante el mismísimo rey cristiano una princesa. Excuso decir a ustedes que este robo levantó más polvo que el célebre de las sabinas.

Las representaciones se hacían muy largas, porque cada escena principia y acaba por un paseo triunfal, y suele mediar con el indispensable combate con espada y daga llamado el «moro-moro», baile que en honor a la verdad llama la atención la agilidad con que algunos y algunas manejan la esgrima.

En una de las noches de representación se hallaba a mi lado una elegante y airosa mestiza, la misma que había costeado los trajes de la reina mora. Esta se encontraba en escena luciendo un primoroso manto bordado de oro, y a su vista no pude menos de felicitar a la dueña por su exquisito gusto. Yo lo creo, me contestó, como que es el manto de la Magdalena. ¡¡Pero, señora, le dije con cierta gravedad, el manto de la Magdalena sobre los hombros de una mora!!

—Ca, no señor, si mañana han de bautizarla. La contestación me pareció tan razonable, y sobre todo fue dicha con tal naturalidad, que comprendí sería perder el tiempo añadir una palabra más en el asunto.

A la noche siguiente, que era la última, asistí al espectáculo, como lo había hecho las nueve anteriores, y cansado y jadeante ante tanto paso doble, tantos himnos guerreros, tanto «moro-moro» y tanta monotonía en el declamando nasal, que por nada varía, oí la loa final. Si llego a denunciar al Alcalde que en una de las quintillas lo habían comparado con el apóstol Santiago, y si hubiese llegado a oídos del cura, que en otros cinco que se titulaban versos, lo llamaban hermosísimo pastor, de seguro va a la cárcel el Directorcillo.

¿Y la magia? ¿Y la derramita? dirán mis lectores.

La magia estaba reducida a un «feroz» león, formado de cañas y revestido de abacá y a una descomunal serpiente de bejucos y papel. Estos monstruos eran movidos por chicuelos que sudarían tinta dentro de las abrigadas entrañas de aquellos animalejos, que oportunamente se presentaban en escena para salvar o defender a las princesas cristianas.

En cuanto a los 700 pesos de la derramita, me dijo la «digna» Tintay que los había empleado Tenten en gastos ... reservados.

Este Capítulo tiene epílogo.

Desde que puse el último punto suspensivo a la fecha en que añado estas letras, han pasado dos años. De paso he estado en el pueblo de Legaspi. Vi a mis amigos Tintay y Tenten, y en el tiempo que mi cochero enganchaba me hicieron tomar chocolate.

—Y ¿qué tal, cómo vamos? —dije a Tintay.

—Mal señor: la «bandala» muy poco vale; este año no «parejo» al de mi marido; «siguro» no tiene comedia.

Al recordarme la comedia, pregunté a Tenten:

—Y qué «cosa», Capitán; ¿se casaron Pupen y Beten?

—Ca, no señor; Pupen está en la cárcel y Beten ... lo que es en cuanto a Beten, «malo señor»; y al decir «malo» hizo una pausa dejándome adivinar lo demás.

Nuestros temores eran por desgracia bien fundados. Pupen robó, y Beten, no teniendo qué vender, vendió su cuerpo.

Capítulo XII. La cueva de las calaveras

Una vez que descansamos de las fatigas propias de jornadas teatrales tan largas como las anteriormente descritas, nos propusimos visitar las grutas de las calaveras de la isla de Cagraray, situada frente por frente a Legaspi.

En la madrugada del 7 de abril de 1880 nos embarcamos en una falúa, habiendo puesto previamente en el bote que nos había de acompañar, escalas, cuerdas, picos, barretas y cuantos instrumentos creímos habían de sernos necesarios para explorar las costas del célebre Canal que divide las islas de Batan y Cagraray.

Un viento fresco terral hinchó el foque de nuestro esquife, y una ligera maniobra para amurar su blanca vela latina nos puso en rumbo, teniendo a la banda de estribor, en primer término, el picacho de Capuntucan, divisándose en la misma dirección, en lejanos horizontes, las costas de Manito, cuya blanca torre se destaca sobre la colina de verdura en que se asienta. A la mura de babor se alzaba el gigantesco coloso del Estrecho de San Bernardino; a la proa teníamos la gran bocana que abre el hemiciclo que forma la rada de Legaspi, y por la que da entrada en las monzones del Noroeste a embravecidas mares que no encuentran barrera alguna desde las costas americanas, quedando tras la estela las arenas de Legaspi.

Navegando en popa llevábamos rumbo derecho en demanda de la bocana del Canal de Cagraray.

La pantalla que nos cerraba los horizontes del Poniente, en la extensa punta de «Calao-Calanan», fue desapareciendo a medida que íbamos ganando en altura, dibujándose primero una ligera nube, que poco a poco fue aclarándose hasta mostrarse a nuestra vista el canastillo de flores que forma el «Cabo del Diablo». En las cartas marítimas se le da el nombre de «Lesno», pero los naturales lo señalan

con la denominación del «Diablo», efecto sin duda de lo arriesgado que es el doblarlo en la monzón del Noroeste, en la que la navegación del Estrecho de San Bernardino es sumamente peligrosa; y tanto es así, que en los meses que reina, las casas aseguradoras no aceptan riesgo alguno para el puerto de Legaspi. La precisión de los instrumentos que ayudan a la inteligencia del marino, y su constante alerta cuando tienen ancladas sus naves en aquel puerto, hacen que los siniestros marítimos no sean muy frecuentes, pues contra los vientos y las mares tiene la rada de Legaspi un consolador refugio en el abrigado y resguardado puertecito de «Sula».

La marinería de nuestra embarcación era india pura, incluso su patrón, quien varias veces varió el rumbo, atribuyéndolo nosotros al principio a descuido, pero más tarde comprendimos que la caña del timón obedecía más bien al temor que le dominaba, tan luego supo que nuestro principal objeto era visitar las «Cuevas de las Calaveras»; afortunadamente nos acompañaba un amigo que conocía la situación de las más notables de aquellas, y repetidas veces enmendó la derrota con visible disgusto del patrón, antiguo y marrullero hombre de mar, ya entrado en años, con más cabellos blancos que negros, más supersticiones que dientes, más consejas que verdades y más escapularios que virtudes. La voz apagada y gangosa, sin duda por las húmedas brisas de Levante, modulaban una y otra vez voces de mando, que daban por resultado quedar la escota en su cabilla a la mirada de nuestro práctico.

Los contornos de la bocana de Cagraray se hacían por momentos más perceptibles. Al entrar en las aguas de «Sula», principiamos a admirar las innumerables bellezas madrepóricas del fondo del mar, cuyo lecho lo teníamos bajo la quilla a tres pies. Los rayos solares, al quebrarse en la masa de agua, esparcían sobre las dentadas y caprichosas combinaciones madrepóricas luminosos destellos, merced a los cuales explorábamos aquel extenso bajo. Con la ayuda de los acerados dientes de los aparatos automáticos de Toselli, que a prevención llevábamos, arrancamos varias madréporas, cuyos brillantes colores desaparecían tan luego dejaban de ser acariciadas por las revueltas madejas de sus hermanas las marinas algas. Al doblar la pequeña punta de «Sula», instintivamente todos nos fijamos en la extraña configuración de dos montecillos que se unían por medio de una roca, cuyo centro cortado a pico mostraba una raya vertical, tanto más perceptible, cuanto que se dibujaba sobre el fondo pelado de la granítica peña. Nuestro práctico puso proa a la acantilada masa.

La distancia fue estrechándose; la línea se abrió apareciendo una grieta, cuya entrada estaba resguardada por dentados y caprichosos bordes.

Media hora empleamos en llegar al pie de la roca. Media hora de brega, que fue muy penosa por tener que salvar extensas cadenas madrepóricas, cuyas pintadas crestas salían a la superficie de las aguas a mostrar su belleza al astro del día, cuyos candentes rayos vivifican los miles de mundos de lo infinitamente pequeño que se agitan en los calizos tubérculos madrepóricos.

La voz del patrón de «alto los remos», y la dada por el que mandaba el bote de «safa escalas», indicaron la faena de atracar, difícil en extremo por lo terso de la roca, cuyo perpendicular tajo descansaba en un acantilado fondo sobre el que pesaban dos varas de agua. Estábamos bajo la peña.

A ocho metros sobre el nivel del mar se hallaba la grieta, que según nuestro práctico, daba entrada a la «Cueva de las Calaveras». Imposible parece que la muerte pudiese buscar un sitio más imponente, más agreste, más inhospitalario y más misterioso que aquel calcinado monolito que se mantiene en pie por un prodigio de equilibrio, evitando su desmoronamiento innumerables «baletes», cuyas retorcidas y múltiples raíces constituyen otros tantos eslabones que encadenan una por una las infinitas grietas que el tiempo y las aguas han ido corroyendo en aquel fantástico sarcófago, a cuya entrada brama de continuo la salvaje voz del gran Pacífico.

Lo agreste y bravío del panorama que teníamos a la vista nos había tenido a todos largo tiempo en suspenso, contemplando las obras de Dios, a quien con nuestro silencio elevábamos un canto de admiración, viendo en aquellos momentos en la majestad divina, no al Dios que premia y castiga, sino al Dios artista que crea y combina maravillas elaboradas en los misterios impenetrables de las absolutas y supremas bellezas.

Lo que en nosotros era admiración, en los indios era un terror visiblemente marcado en sus bronceados semblantes y en la estupefacción de sus miradas.

Las escalas se encontraban fuera del bote, pero ninguno de los indios se atrevía a fijarlas en la roca.

—Vamos, muchachos —dijimos por último—, colocar las escalas y no tengáis miedo alguno.

—Dispense, señor —contestó el patrón—, pero esta gente dice que antes de tocar la cueva necesitan hacer ofrendas al espíritu de la muerte para que les libre de todo mal.

El permiso fue otorgado; la marinería encendió teas resinosas, proveyéndose antes unos de bombones de caña y otros de «chiretas» de coco, colocando en aquellos y en estas aceite y «morisqueta», que habían de dejar como ofrenda dentro de la cueva, habiendo hecho previamente una protesta a la luz de las teas, reducida a implorar al «espíritu de la muerte» y hacer constar que si ellos llegaban hasta su mansión, era contra su voluntad, obedeciendo los mandatos del «Castila». Nosotros asumimos toda la responsabilidad de la protesta, dándoles aliento y explicándoles que ninguna cosa mala tratábamos de hacer; y merced a nuestras últimas exhortaciones, conseguimos que se colocaran las dos escalas, por las que trepamos con la avidez del que busca un tesoro. Tras el último peldaño se nos mostró el interior de la caverna. Las paredes, las bóvedas y el suelo constituían la realidad del más fantástico de los sueños de «Las mil y una noches». La abertura de la cueva daba entrada a luz bastante para que apreciáramos todos los detalles. Por efecto de una constante elaboración de miles de años, habían formado las filtraciones en la masa calcárea extraños y monstruosos grupos silíceos, resguardados por las cortadas y dentadas puntas de las estalactitas que amenazaban nuestras cabezas, y las de las no menos irregulares estalagmitas, que unas veces alzaban sus brazos para acariciar a sus hermanas y otras atormentaban nuestros pies con sus tajadas crestas.

En todos los huecos de la peña había depositados gran número de restos humanos. ¿Quién los había colocado allí? ¿De qué raza procedían? Preguntas son estas que cada uno de nosotros formulaba en su interior, buscando una contestación en las descarnadas cuencas de los amarillos cráneos.

El silencio y la muerte nos rodeaba en aquella misteriosa Necrópolis. Nuestra misión al llegar hasta aquel lugar de eterno descanso, lo alentaba el deseo de ser útiles a la ciencia, arrancando algún secreto de informes restos de generaciones pasadas, a fin de añadir una página más a la gran obra de los estudios antropológicos; y sin embargo de tales aspiraciones, permanecimos por largo tiempo sin que se alargaran nuestras manos a coger ninguno de aquellos restos, pues al tocarlos creíamos profanar la historia de una raza entera sumida en el olvido de la eterna noche de los tiempos.

A la grandiosidad de la muerte se unía la grandiosidad del misterio. Nuestras manos al fin cogieron un cráneo. Su extraña configuración nos hizo dudar si procedería de las humanas razas; más nuestra duda fue momentánea tan luego lo examinamos. El grandísimo aplastamiento de aquellos nos corroboraron una vez más procedían de antiguas tribus malayas, en cuya raza había algunos individuos que a sus hijos recién nacidos les oprimían el cráneo con tablillas, cuya presión les daba la extraña configuración que teníamos a la vista.

Esta versión es tanto más fundada, cuanto que los únicos ejemplares de calaveras que se conocen de esta clase proceden de los sitios donde sentaron sus aduares las razas amarillas. En Filipinas, ni la tradición ni la historia da el más ligero rayo de luz que ilumine esa raza que indudablemente vivió en sus bosques, guerreó en sus praderas, y por último se extinguió en su suelo, buscando antes retiradas guaridas donde dormir el sueño eterno.

Tres horas largas hacía que permanecíamos en la gruta sin apercibirnos del calor ni del cansancio. Cada uno de nosotros tenía un pico o una barreta, y solo nos ocupábamos de ir amontonando los objetos que cada cual hallaba en los desmoronamientos que producía. Había, sin embargo, que descansar, pues nuestros brazos se negaban a los deseos de nuestro espíritu.

Dada la voz de descanso, registramos los hallazgos, encontrándonos con una riquísima colección para el estudio de las ciencias antropológicas.[7]

Sabido es, que entre la mayor parte de los pueblos del Oriente hay la creencia de que la muerte es solo un viaje, para el que se hacen distintas provisiones; esta creencia nos hizo adquirir antiguos fragmentos de distintas ollas y platos rotos, sin duda alguna por los desprendimientos de la roca. Una ajorca o brazalete hecho de la medula del «Manatí», que componía parte de nuestro hallazgo, nos dio el último dato para robustecer la creencia de hallarnos ante restos malayos. Dicho brazalete constituía entre aquellas razas un alto signo de distinción que solo podía usar el guerrero que daba cima a una acción heroica. El aro es de una sola pieza, y el introducirlo en la muñeca constituía muchas veces una dolorosa operación. El expresado brazalete, una vez ajustado, no podía sacarse, y el que había logrado tal distinción, lo llevaba a la tumba.

La presencia de aquel signo, vino asimismo a robustecer la creencia de que el aplastamiento del cráneo se permitía solo a las familias nobles, creencia que tiene un fuerte apoyo en las deformaciones chinas, en cuyo pueblo solo es dable a la clase noble ostentar, no el pie pequeño, como vulgarmente se cree, sino la especie de muñón a que reducen el pié por medio de compresas que concluyen por quitarle en absoluto su forma a costa de grandes sufrimientos, que las aristocráticas chinas conllevan con gran resignación, a trueque de mostrar al mundo una ejecutoria de nobleza adquirida a fuerza de apretones. El origen de semejante distinción se cree fue causa la deformación natural que tuvo en los pies

---

7   En la Exposición de Filipinas hay seis cráneos de los encontrados en estas cuevas. En uno de ellos hay una inscripción puesta por los célebres antropólogos franceses MM Montano y Rey. (N. del A.)

una antigua princesa china, quien al ver que ella con ser hija del Sol cojeaba, y sus damas siendo hijas de simples mortales, no daban más que algún que otro traspié, ideó el medio de que en la celeste corte femenina, ninguna anduviese derecha, introduciendo el uso de la reducción de los pies por medios artificiales.

Quién sabe si los causales de aplastarse el cráneo tendrían semejante origen, pues aceptada la absoluta sumisión en que vivían las antiguas razas con relación a su jefe, todo es de creer. De modo que no sería extraño que alguno de aquellos antiguos caballeros, que no por ir en el traje de la inocencia dejaba de serlo, quedase chato de cráneo, merced a algún golpe de maza, y en tal estado, se levantase un día con más presión en el cráneo que de ordinario, imitando a la celeste princesa, si bien en opuestos extremos. La hija del Sol diría a sus damas: «Señoritas, desde hoy ninguna me ha de andar derecha;» el fosco guerrero, por el contrario, les diría apoyándose en la «clava», para dar mayor fuerza a la dolorosa innovación: «¡Guay de vosotros si la venidera Luna no os encuentra dos veces chatos!». Todo esto será más o menos exacto, pero convengamos en que pudo ser, pues no todo lo antiguo ha de tener su origen en la filosófica madurez de tal o cual necesidad.

Yo respeto —por más que me sea doloroso— la teoría de Darwin y hasta sería capaz siguiendo su sistema, de decirle a un «gorilla» de América —«vamos pariente pase usted y tome asiento»— por lo tanto quien tales ánimos tiene, bien puede abrigar la posibilidad de lo expuesto, no cabiendo, como no cabe duda alguna de que los cráneos encontrados procedían de antiguas razas cuyas deformidades eran producto de voluntarias y artificiosas operaciones, ¿a qué móvil obedecería la voluntad en tales casos? ¿Al mandato, o a la vanidad? ¿Sería la deformación un signo de raza o de nobleza? Interrogaciones son estas que solo con hipótesis contestan las generaciones presentes.

Jadeantes, rotos y hambrientos dirigimos la última mirada a la bóveda del calizo sarcófago, jamás hollado hasta entonces por planta europea, comprendiendo el placer de la libertad al divisar por la abertura de la peña las azules ondas que no encuentran dique hasta besar las arenas de las americanas playas.

Dimos un adiós a aquella mansión, grabando antes en ella los nombres de los señores Montano y Rey cuyos nombres quedaron unidos a los nuestros en aquel inmenso sarcófago.

Al poner el pié en la escala rozó nuestra cabeza una golondrina; alzamos la vista y vimos colgaba su nido en uno de los ángulos de la piedra.

¡¡La vida junto a la muerte; el cráneo al lado del nido; la cuna adherida al ataúd: una generación que se desmorona en sus últimos restos y otra generación que se incuba entre el polvo del sudario!! ...

Capítulo XIII. Partido de Tabaco

Libog. Su etimología. Situación. Fundación. Una antigua
iglesia. Tifones e incendios. Piraterías moriscas. Canal
de Bujatan. Acumulación de arenas. Datos estadísticos.
Ríos. Productos. Bacacay. Su etimología. Vicisitudes de
este pueblo. Estadística. Malilipot. Significación de esta
palabra. Barrios y estadística. Productos. De Malilipot a
Tabaco. Situación de este último. Su fundación. El padre
Llorente. Un reloj de buena marcha y un cementerio
modelo. Barrios y visitas. Estadística. Productos.
Edificios. Ríos y puentes. Puerto de Tabaco. Malinao. Su
etimología. Su administración parroquial. Rancherías de
negritos. Estadística

Tras una larga estancia en Legaspi, emprendimos nuevamente nuestros viajes por la provincia de Albay, siguiendo el
estudio del partido de Tabaco, cuyo primer pueblo lo forma
la cabecera, y el último Tiui.

A 11 y medio kilómetros de Legaspi se encuentra el pueblo de Libog, situado a la orilla del mar, y al ESE. del volcán, cuyas ondulaciones por esta parte se extienden hasta la
misma playa.

La palabra bicol «libog», quiere decir turbio. y posible es
que en la falta de transparencia de las aguas volcánicas que
por allí abundan, se buscara nombre al pueblo. Admisible
lo es también que por estar separado de la carretera real se
le llamara en lo antiguo «Libot» que significa rodeo, habida
consideración a lo expuesto, y a que para ir de Legaspi a
Malinao, entre los que se encuentra «Libog» hay que rodear
el volcán.

Libog fue en el principio de su fundación una visita de Albay, hasta 1749 que se separó de su matriz para formar un pueblecito de tres cabecerías, habiendo sido su fundador, su primer Gobernadorcillo don Diego Castellano.

La antigua iglesia que está a la orilla del mar, y cuyos muros parecen dispuestos a desafiar el poder destructor de los tiempos, fue construida en los años 1749 a 1751. En 1850 un incendio redujo a cenizas su techo que era de «basag» o sean cañas partidas, originando esto el que se trasladara el culto a la actual iglesia que en aquella fecha estaba próxima a terminarse bajo la dirección del padre Martín Martínez.

En 1811 sufrió Libog como todos los demás pueblos del partido el más fuerte de los terremotos que recuerdan los anales de aquella provincia. En la terrible erupción del volcán Mayon en 1814, Libog fue completamente arrasado, y como si estas desgracias no fuesen bastante, en 1816, y cuando empezaba el pueblo a reedificarse hubo un desembarque en sus playas de moros piratas, en número tan considerable, que componían una flota de unos sesenta pancos, sin contar las embarcaciones menores. De dicho desembarque conservará eterna memoria aquel pueblo.

En el barrio de Bujatan se halla el canal de su nombre, abierto en 1868 bajo la dirección del celosísimo Alcalde mayor don José Fezed, empleándose en los trabajos todos los polistas del partido de Tabaco por espacio de tres meses. El 24 de junio de aquel año atravesó

dicho Alcalde mayor el canal en una falúa. Desgraciadamente al poco tiempo de inaugurado aquel canal, se cerró para la navegación por la gran masa de arena que en sus bocanas acumularon los efectos de un tifón, encontrándose a la fecha este paso en tal situación, esperando que algún día se abra de nuevo ante las necesidades comerciales de la provincia, recomendando para la fecha en que se verifique, la necesidad de hacer un dique o rompeolas a alguna distancia de sus bocanas, para evitar la aglomeración de arenas que allí remueven las fuertes mareas.

De Libog dependen siete barrios, componiendo un total de población de 6.120 almas de las que tributan 2.964. Creemos haber dicho ya que todos los datos estadísticos cuando no se les antepongan fecha se refieren al año 1878. En las cifras de tributos también es de llamar la atención que cuando se dice como aquí que tributan 2.964 almas, hay que contar como tributos la mitad o sean 1482, en el hecho de que en cada uno de aquellos entran dos contribuyentes. La reciente creación de la cédula personal, no ha sido obstáculo a que por aquellos naturales se siga denominando tributo a esa contribución, siendo esta la razón de conservar dicho nombre, máxime cuanto que las cifras estadísticas, según queda hecha mención, se contraen al año 1878 en que aún no se había establecido la cédula personal.

En el año citado se inscribieron en Libog 263 bautizos, treinta y nueve casamientos y 107 defunciones. Radicados hay un europeo y treinta chinos. Asisten a las escuelas por término medio unos 180 niños de ambos sexos, no habiendo ninguno que hable el español. La criminalidad está representada por dos individuos.

Entre los ríos que bañan la jurisdicción de Libog, son de citar el «Cagbahay» que nace en el mismo cráter del volcán, despeñándose por la parte E. del mismo, cortando la carretera de Legaspi entre los km. 10 y 11, yendo a desaguar a la bahía a 1,50 km. de la población y hacia el SSO. de la misma. El «Nagá» nace como el anterior en las últimas estribaciones del Mayon y corre paralelo con el «Cagbahay» hasta su desagüe. Estos dos ríos en tiempos normales se vadean con gran facilidad, mas apenas cae algún fuerte aguacero en las alturas del Mayon, se unen formando una gran masa de agua difícil de pasar, incomunicando por lo tanto entre sí a los pueblos del partido. En el memorable tifón del 30 al 31 de octubre de 1875, unidos estos ríos arrastraron en sus impetuosas corrientes más de 50 personas que habitaban en las faldas del volcán. Al N. del pueblo, y al otro lado del montecillo nombrado «Mapagal» nace el río «Súfi», que recorre todas las sementeras de las visitas de la «Misericordia» y «San Andrés» yendo a desaguar por jurisdicción de «Bacacay».

Entre los productos que se crían en los campos de «Libog» son de citar los exquisitos plátanos, cuya fruta tierna y en sazón es más alimenticia que el camote, tanto que en tiempo de carestía de arroz, lo sustituye perfectamente. El maíz también se da con gran profusión, siendo de citar muy especialmente el «cayo» o sea el algodón «boboy» que se produce admirablemente por estacas, siendo deplorable que aquellos naturales miren su cultivo con gran desdén.

A poco más de 6 km. de Libog se asienta el pueblo de «Bacacay», nombre derivado de «bagacay» que significa caña basta u ordinaria.

Las vicisitudes y quebrantos por que ha pasado este pueblo, son muy semejantes a los que ya dejamos citados en el anterior. Su población la compone 9.219 almas, de las que tributan 4.026 en cuarenta y un cabecerías. Se registraron 347 bautizos, cincuenta y cincuenta y cuatro casamientos y setenta y seis defunciones. Hay radicados dos europeos y doce chinos, y asistieron a las escuelas por término medio 150 niños de ambos sexos, sin hablar ninguno de aquellos el español. En la criminalidad figuran ocho procesados.

De «Bacacay» a «Malilipot» media una distancia de 9,50 km.

La palabra bicol «malilipot» significa frío, y muy justificado está el que el pueblo tomara ese nombre, porque en efecto la temperatura que allí se disfruta es muy fresca, y relativamente fría en las noches y madrugadas. Está situado cerca de la playa, teniendo al E. a «Bacacay» y a Tabaco al N.

Tiene cuatro barrios llamados, San José, San Francisco, San Isidro y San Antonio, componiendo entre estos y el pueblo un total de almas de 4.390, de las que tributan 2.070 en veinticuatro cabecerías. Hay un europeo y tres chinos. Se inscribieron 172 bautizos, cuarenta casamientos y setenta y cuatro defunciones. Asistieron a las escuelas, por término medio, 170 niños de ambos sexos, habiendo solo tres que hablen el español. Su criminalidad esta representada por tres procesados.

Ni este pueblo ni el anterior tienen nada notable que de contar sea.

Sus productos son como los de todo el partido, el arroz y el abacá, en primer término, cosechándose algo de café y cacao. Sus árboles madereros son muchos y de buenas clases.

El pueblo que da nombre al distrito que nos ocupa, se encuentra a continuación de «Malilipot» de donde dista 4 km. El nombre de Tabaco es originario de haberse criado en su jurisdicción muchas plantas de tabaco.

Tabaco linda al N. con Malinao, al S. con «Malilipot», al O. con el monte Masaraga y Ligao y al E. con la mar. Está situado en la resguardada bahía a que da nombre, cuya bocana se abre entre las costas de Natunanan y las de San Miguel.

La fundación de este pueblo se remonta al año 1587, en que fue barrio de Daraga hasta 1616. Fue administrado espiritualmente por los padres Franciscanos, y hoy lo es por el clero secular, siendo su párroco en la época a que se refieren estos viajes o sean los años de 1878 a 1882 el padre Llorente, quien después de hacer toda la campaña de la primera guerra civil al frente de bravos gastadores isabelinos, dejó las armas dedicándose a espirituales ejercicios,

hasta llegar a la administración parroquial de Tabaco, el que le debe, gracias a su actividad y aficiones artísticas, no pocas mejoras.

Una de las atenciones preferentes de este buen párroco consistía en la conservación del reloj de la torre, y en que ningún pueblo de la provincia tuviera un cementerio mejor que el suyo, y al efecto todas las mañanas había de subir varias veces el centenar de escalones de la torre, con el fin de inspeccionar la marcha y engranaje del reloj, como todas las tardes invariablemente había de darse el largo paseo que media entre la casa parroquial y el cementerio pudiendo asegurar que si el regulador del tiempo marchaba bien, al lugar del eterno olvido, no le faltaba ninguno de los detalles que constituye el lujo fúnebre de estos lugares.

La jurisdicción de este pueblo la componen los barrios llamados de Tagás, Bombon, Mariroi, Pinagbobong, Matagbag, Baji y Bachao, y las visitas denominadas San Lorenzo, San Vicente, San Carlos y San Miguel, componiendo el total de vecindario del pueblo de Tabaco con los caseríos que le son anexos 15.960 almas, de las que tributan 7.715 en sesenta y tres cabecerías. Se registraron 705 bautizos, 112 casamientos y 291 defunciones. Hay radicados cinco europeos y veintiocho chinos. Asisten, por término medio, a las escuelas, 250 niños y 270 niñas, hablando el español cuarenta de los primeros y veintisiete de las segundas.

Los productos que constituyen la riqueza del pueblo de Tabaco, son el abacá, el palay, el cacao y el café.

Tabaco tiene buenos edificios, siendo de citar la iglesia, el convento, el tribunal, las escuelas y no pocas casas de particulares.

En la jurisdicción de este pueblo se encuentran catorce puentes: el primero, de mampostería en el sitio de San Lorenzo y sobre el río llamado Mati, fue reconstruido el año 1854. El segundo, asimismo de mampostería, se halla en el sitio «Alola» sobre el río Ligüaligüan construido en el año 1829. El tercero, de piedra como los anteriores, se alza sobre el río del mismo nombre en el sitio llamado «Ongló», habiendo sido construido en el año 1847. El cuarto, asimismo de piedra se edificó el año 1838 en el sitio de Tagás en el río del mismo nombre. El quinto, cual los anteriores, está en el sitio de «Tayey» en el río de su nombre, habiendo sido construido en el año 1841. Los restantes llamados «Bombon, Pana, Banquiliguan, Matagbag, Panal, San Pascual, Quinali» y el «San Juan», son bastante buenos y facilitan el gran tráfico que mantiene este pueblo con todos los de la provincia.

El puerto ya hemos dicho es más resguardado y seguro que el de Legaspi, y por él se da salida a la mayor parte del abacá que se cosecha en aquellos contornos.

De Tabaco nos trasladamos a Malinao. Haciendo el trayecto de sus 3 km. en carruaje.

El nombre de Malinao se deriva de la palabra bicol «linao» con que se designa la «claridad» del agua o de otro líquido cualquiera. Metafóricamente se aplica también aquella palabra, diciendo, por ejemplo, «malinao na panahon», que quiere decir tiempo bonancible, «malinao na dagat», que se dice para significar que la mar está serena, razón por la que tal vez se llamaría así el pueblo, buscando la etimología bien en las aguas cristalinas que corren en sus valles, o ya en razón a lo bonancibles de las resguardadas aguas de aquellos mares.

Este pueblo fue visita de Albay, separándose de su matriz el año 1619. Estuvo, administrado en lo eclesiástico por los padres Franciscanos hasta el año 1696, en cuyo año pasó al cargo parroquial del clero secular. Linda por Este con la mar, por Oeste con el pueblo de Bují, de la provincia de Camarines Sur, por Norte con Tiui, y por el Sur con Tabaco.

Tiene cuatro visitas y diez barrios, contando además tres rancherías de negritos reducidos. Su población total es de 9.841 almas de las que tributan 5.047 en cincuenta y siete cabecerías de naturales y dos de mestizos. Se inscribieron en los libros parroquiales 470 bautizos, 108 casamientos y 185 defunciones. Asisten a las escuelas por término medio de 140 a 160 niños de ambos sexos, entendiendo y hablando medianamente el español veintidós. Su criminalidad está representada por cinco procesados, habiendo radicados en el pueblo dos europeos y tres chinos.

El último pueblo de este partido es Tiui.

Capítulo XIV. Tigbi o Tiui

Etimología de esta palabra. Situación. Estadística.
Historia. Rancherías de monteses. Sus usos y costumbres.
Bautizos. Casamientos. Inhumaciones. «Day canama
olang padagoson moan simong lacao.» El «magnaguram».
El «dumago». El «tolodan». El monte «Putianay».
Maravillas geológicas. Sulfataras. Manantiales
incrustantes de «Maglagbong». Lago peligroso.
Formaciones silíceas. Mister Jagor ante los manantiales
de «Maglagbong». La solfatara Igabó. El cono rojo y el
cono blanco. «Géisers de Islandia» comparados con los
de «Maglagbong». La tierra de las maravillas. Nombres y
apellidos. Confusiones. El libro de bitácora de Legaspi.
Caracteres físicos del agua de Tiui

Tigbi o Tiui, quiere decir cosa torcida, y quizás por las muchas sendas o veredas que hay en la jurisdicción de dicho
pueblo se le daría ese nombre: creemos, sin embargo, es mas
lógico buscar su etimología en la palabra bicol tigui, nombre
con que se designa a un pescado parecido a la sardina que
abunda en aquellas aguas.

Tiui linda con los pueblos de Bují, Sagnai y Malinao, teniendo al Este el mar Pacífico. Forman su jurisdicción cuatro
barrios e igual número de rancherías de monteses llamadas
Capantagan, Entilan, Borabod y Labnig. La población de
Tiui y sus barrios la forman un total de almas de 8.421, de
estas son tributantes 4.190, repartidas en cuarenta y cuatro
cabecerías.

De los datos estadísticos, resulta que en 1878 se verificaron ochenta y cuatro casamientos, 367 bautizos y 162 inhumaciones.

Hay cuatro chinos radicados y tres europeos, dos de raza blanca y uno de amarilla nacido de padres indios en Madrid. La estadística criminal solo dio un contingente de cuatro individuos.

A las escuelas asisten por término medio de 120 a 130 niños y de 140 a 150 niñas, hablando el español siete de los primeros y ninguna de las segundas.

Tiui fue erigido como tal pueblo el año 1863 bajo la advocación de San Lorenzo mártir. Antes fue barrio de Malinao, siendo sus primeros pobladores oriundos de Bují y Lagonoi.

Existen en Tiui curiosos restos de fortalezas construidas, en lo antiguo para evitar las piraterías de los moros. Las tradiciones de este pueblo conservarán eternamente en sus memorias los desembarcos piráticos verificados en 1841 y 45. En esta última fecha los moros redujeron a cenizas el primitivo pueblo de Tiui que se encontraba asentado en la misma playa. De aquella escena de destrucción solo quedan algunos restos de la iglesia. También, son fechas memorables en los fastos nefandos de Tiui las de 1857, 1808 y 1849. El cólera y las viruelas causaron en esos años horribles estragos.

Ya hemos dicho que la jurisdicción de Tiui se encuentran rancherías de monteses, y habiéndolas visitado diferentes veces vamos a dar cuenta a nuestros lectores de algunos usos y costumbres de aquellos. Estas rancherías están regidas por magalajes o sean capitanes que eligen de entre los de su clase. Su forma administrativa con relación al Estado es nula, pues ni pagan contribución ni rinden vasallaje.

Los bautizos entre estas razas son sumamente sencillos: tan luego principia a llorar el recién nacido se va diciendo en voz alta por un individuo de la familia todos los nombres de sus antepasados, y el que se pronuncia en el momento de cesar el llanto, ese es el nombre que llevará el recién nacido.

Se dan casos en que el abolengo conocido es corto y el llanto del niño demasiado largo, y en este caso se barajan los nombres a gusto del oficiante.

En los casamientos por el contrario las fórmulas ya son más complicadas y costosas. Se empieza por el «pamalaye», ceremonia que consiste en pasar el pretendiente con sus padres y demás parientes a casa de la novia, cuya casa la han cercado de cañas entrelazadas, no dejando más que una entrada obstruida por un bejuco del que pende un bolo o sea puñal guarnecido de plata. De este bejuco hay que colgar por los visitantes otro puñal de igual riqueza. Con estas armas se corta el bejuco quedando franqueada la entrada. Una vez la comitiva en la casa hacen la pretensión, y si es admitida se concierta entre los padres el «purung» o sea el dote que el novio debe pagar. Designado el día de la boda se dirige el novio a la casa de su futura en donde esta se encuentra escondida, procede a su busca, y un nuevo bejuco y un nuevo puñal le indica el sitio donde se encuentra, y una vez en su compañía se presentan ante los convidados y se hace entrega de la dote; después viene la promesa de fidelidad so pena de pagar la mujer duplicadas las cantidades dadas por el marido, y este el perder la mujer y las cantidades entregadas, si es él el que falta. Las cantidades dotales se pagan por el orden que sigue. 1.º El «purung» o sea el precio en que se tasa a la mujer; este precio es convencional. 2.º El «sincat» o sea el presente que debe llevar a favor de la dote todo convidado a la boda: por el «itinaid» o sea por las ceremonias de la boda, y por el «pagratas» o sea por la ceremonia de cortar el bejuco que obstruye la habitación donde se esconde la novia. A su vez la madre recibe también cantidades por el «Idinara» o sea por los meses que llevó en su vientre a la novia, por el «pagpadodo», o sea el período de la lactancia, y por el «gímirod» o sea por sus desvelos y cuidados.

Si la novia no es primogénita tiene también el novio que pagar derechos llamados «ilinacad». Concluidos los pagos empieza el «pagcaya» o sea la fiesta, y en medio de esta el marido simula un rapto cogiendo a su mujer en brazos y llevándola a su nueva casa.

Estas ceremonias se simplifican si los novios son pobres, en este caso solo hay la petición, el convite de boda, y el rapto.

En los entierros se observa el siguiente ceremonial. Tan luego espira un individuo de aquellas razas se busca un tronco de la palma llamada «Hagol», se le deja solo la corteza resultando un ataúd cilíndrico dentro del que colocan el cadáver, y después cierran los dos extremos de aquel tronco hueco con tablas que calafatean con resina blanca. Hecha esta operación colocan el féretro en el centro de la mejor habitación de la casa y principian las fiestas que duran mientras tiene dinero que gastar la familia. Concluidas las fiestas se abre una fosa al pié de la misma casa, y el pariente más inmediato del difunto coge el «onlong» o sea un manojo encendido de hojas secas, y con él sahuma el hoyo a la par que pronuncia estas palabras sacramentales. «Day canama olang padagoson moan simong lacao» que quiere decir, nadie más te detenga, prosigue en paz tu camino; palabras que se repiten mientras se llena la fosa de tierra y plantas olorosas.

Sus creencias religiosas las basan en la aceptación de un ser superior a quien llaman «Magnagurang». La música y el fuego forman parte de sus ceremonias religiosas. El «dumago», o sea una invocación a los antepasados, de tonos tristes y melancólicos, se canta con acompañamiento de guitarra; otras veces al canto acompaña el baile, llevando las bailarinas sobre la cabeza el «tolodan», o sea un plato grande de barro conteniendo un gallo desplumado y sin intestinos: este baile se verifica en medio de grandes fogatas que rodean a los bailarines.

Cerca de Tiui se alza majestuoso el «Putianai», escabrosísimo monte a cuyas últimas cresterías han llegado poquísimos.

Quizás, y sin quizás, no habrá en toda la isla de Luzón una maravilla geológica como la que se admira en los renombrados manantiales que se hallan a 2 km. de Tiui. Estos manantiales se elevan en medio del río, formando caprichosos surtidores cuyas aguas en ebullición caen entre nubes de espeso humo en las ondas del río.

Si bellas son las solfataras del río, bellísimos lo son sus vecinos manantiales incrustantes de «Maglagbong». En el sitio así llamado solo había hasta 1827 pequeños pozos; hoy se admira en el centro de una explanada exenta de toda vegetación y en la que fatídicamente resuenan los pasos del viajero, un pequeño lago de aguas tan purísimas y trasparentes, que permiten examinar su fondo y paredes, tapizadas de las más vistosas y caprichosas formaciones silíceas que puede forjar la imaginación. Aquella belleza en el fondo y quietud en la superficie envuelve un horrible peligro, pues desgraciado el ser que fascinado en aquellas calcinadas y movedizas arenas cayese al lago; su muerte sería inevitable. Las aguas son tanto más engañosas cuanto que ni desprenden humo, ni forman el burbujeo que señala la ebullición, y sin embargo, fuegos invisibles alimentan constantemente aquella inmensa caldera. Muchísimas páginas podríamos consagrar a los manantiales de «Maglagbong», pero nos vamos a limitar a transcribir lo que de ellos dice el sabio naturalista alemán mister Jagor: «No lejos de Tiui (escribe aquel en sus «Viajes por Filipinas»), y exactamente al E. de Malinao, hay una débil sulfatara llamada Igabó; en medio de una pradera rodeada de árboles se abre un claro de forma oval, próximamente de 100 pies de largo por 70 de ancho. Todo el espacio está cubierto de piedras del tamaño de la cabeza y mayores redondeadas por la erosión; rompiéndolas se ve su estructura concóidea, pues se separan delgados mantos concéntricos, el núcleo es gris y lo forma la traquita. En algunos puntos brota del suelo agua termal, que, reuniéndose, da origen a un arroyo; algunas mujeres se ocupaban en cocer su comida tomando agua del manantial con una red de trozos de caladium; el agua está próxima al punto de ebullición. En la cara inferior de ciertas plantas se veía una tenue capa de azufre sublimado, los indicios de alumbre apenas se notaban; en una hondonada se había reunido caolín, que se emplea para enlucidos.

De allí pasé a los manantiales incrustantes de «Naglegbeng» (debe ser «Maglagbong») que están próximos. Creí hallar fuentes de aguas calizas, y me encontré con bellísimas formaciones silíceas, sumamente caprichosas en todos los estadios de desarrollo: conos truncados con apéndices cilíndricos, pirámides cortadas, con cavidades redondas, con bordes estriados, estanques hirviendo. Un sitio raso de 200 a 300 pasos de ancho por vez y media de largo, exceptuando algunos claros encespedados, está recubierto por una costra de sílice que a veces forma unas grandes superficies continuas; pero generalmente se presentan fraccionadas por fisuras verticales en delgadas placas. En innumerables puntos penetra en ebullición el agua cargada de sílice: saliendo de la tierra, se extiende sobre la superficie y deposita por enfriamiento y evaporación en seguida una capa, cuyo espesor disminuye del centro a la periferia con gran regularidad; así se forma en el transcurso del tiempo un cono muy plano con una cavidad de agua hirviente en el centro. Aumentando los sedimentos disminuye el canal de desagüe, corre poca agua que se evapora en inmediata proximidad del borde, y cada gota deposita un pequeño grano de sílice: así se forma la parte superior del cono más abrupta que su base, y también a la vez resulta un apéndice cilíndrico, cuya superficie exterior, como el agua no corre completamente por igual, queda acanalada con estalactitas. Si se obstruye el canal hasta el punto de ser la salida menor que la evaporación, no fluye el líquido por el borde, el depósito continúa por el enfriamiento gradual del agua regularmente en el borde interior de la cavidad: pero a medida que desciende el nivel del agua, cesa la sedimentación en su parte alta, disminuyendo así el grueso de la capa en la pared interior, y cuando el canal se obstruye por completo toda el agua se evapora y queda una oquedad lisa como torneada a mano en forma de campana invertida. En el cono blanco[8] se ve uno de estos, distinguiéndose alrededor del cono rojo un borde de cavidad aún más perfecto. El agua busca entonces nueva salida y rompe por el sitio en que encuentra menor resistencia sin destruir el hermoso cono que antes formó. Muchos ejemplares parecidos se encuentran en la localidad. Sin embargo, en los grandes conos originados en un pequeño estanque, los vapores alcanzan, cuando está obstruido el desagüe una fuerza expansiva tal, que hacen saltar la costra superficial dividiéndola en fragmentos radialconcéntricos. El agua brota en abundancia solo del centro, y se dirige a la altura casi verticalmente, dejando las arenas sobrenadar debajo de los fragmentos de la costra; así se forma una especie de gradería concéntrica, cuyo piso horizontal se va llenando de un modo gradual por nuevos depósitos de las aguas que lo recubren. A veces rompe el agua, estando cerrado el desagüe y después de formada la gradería, por la vertiente del mismo cono, y entonces se origina otro al pié del primero. En las inmediaciones de

8   Este cono fue tallado por su base bajo la dirección del autor de este libro, y hoy figura en la Exposición de Filipinas. (N. del A.)

los manantiales silíceos hay depósitos de arcillas blancas, amarillas, rojas y gris azuladas, alternando en capas poco potentes como las margas irisadas: probablemente son producto de la descomposición de rocas volcánicas acarreadas allí por las aguas y coloreadas por óxidos de hierro. Quizá proceden estos depósitos de las mismas rocas, de cuya descomposición proviene la sílice siendo los últimos restos sólidos de las mismas. Su cantidad es sin embargo escasa, no se hallan en su primitiva posición, y representa solo una pequeña parte de la masa primitiva. Los mismos fenómenos se observan en Islandia y en Nueva Zelanda: pero «mucho más variados, más bellos y más puros son los productos de los manantiales de Tiui que los de los géisers de Islandia». Hay depósitos de plantas incrustadas con un baño tan tenue de sílice que se transparentan a través de él los nervios de las hojas bien reconocibles: la galvanoplastia no podría hacer un trabajo más delicado. En otros sitios alternan capas delgadas opacas, blancas o muy débilmente rojizas de sílice, con fajas transparentes de ópalo amarillo y de «hialita». A veces cuando la sílice queda largo tiempo en estado gelatinoso, han formado los gases penetrando en la masa consistente, series de celdillas de delgadas paredes, tan compactas y regulares como si fueran de origen vegetal: las celdillas están vacías o llenas de «hialita» que suele penetrar en rayos continuos por la masa silícea. En otros sitios se ha depositado este mineral en capas concéntricas delgadas, alrededor de núcleos sólidos formando «amígdalas». De una belleza sorprendente, verdaderamente monumental, es la rara forma del cono rojo de Tiui, «quizás sin rival en todo el mundo».»

Escudados con las palabras del sabio alemán que dice, «que los productos de los manantiales de Tiui son más bellos» y más puros que los de los «géisers de Islandia», bien podremos asegurar que son los más sorprendentes del mundo, con perdón sea dicho del geólogo americano Hayden y de los decantados géisers de «La tierra de las maravillas».

No queremos dejar olvidada una particularidad que noté en los nombres y apellidos de la mayoría de los vecinos del pueblo de Tiui. Hasta no ha muchos años los indios daban invariablemente a sus hijos en la pila bautismal, el nombre del santo del día en que nacían, sirviéndoles de apellidos el nombre del padre, viendo por lo tanto en todas las escrituras antiguas figurar a Antonio de Luís, Juan de Pedro, Victoriano de Andrés, etc. Esto originaba grandes confusiones, y durante el gobierno del general Urbistondo —si no estamos equivocados— se dispuso que los indios adoptaran apellidos, y al efecto se mandaron por provincias extensas relaciones de aquellos para que escogiera cada cual el que más le agradase. Recuerdo esto porque en Tiui me encontré con un don Pedro el Cruel y un don Enrique de Trastamara, fraternizando alegremente frente a un jarro de vino de nipa. No creo se tuvo gran cuidado al redactarse en las relaciones ciertos apellidos, que por su respetabilidad y personificación debían estar a nuestro juicio a salvo de todo ridículo, y ridículo, y no poco es ver a un Guzmán el Bueno jugando al gallo, y a una Isabel de Marcilla en complaciente «bichara», con un Tirso de Molina o un Lope de Rueda.

En Filipinas faltaban apellidos y hubo que crearlos; en cambio hasta fecha no remota no existió en aquellos archipiélagos quien se llamara Silvestre, por la sencilla razón de que el rumbo de los primeros navegantes borró un día del almanaque; así que en Filipinas el mes de diciembre no tenía mas que treinta días, necesitándose que Madrid y Roma intervinieran para enmendar ese «desaguisado» que a la marcha de los tiempos llevó el libro de bitácora de Legaspi.

Para terminar vamos a dar a conocer el análisis cuantitativo de las aguas de Tiui, hecho por el aventajado farmacéutico D. A. del Rosario.

Caracteres físicos del agua.

Turbia, inodora, incolora, casi insípida; por el reposo deposita un precipitado blanco ocráceo bastante abundante. Filtrado el líquido, precipita igualmente por la ebullición.

Peso específico determinado por el método de Klaproth 1,0041.

»Ensayos preliminares.»

Papel de tornasol	azul	Nada.
	rojo	Nada.
Almidón		Nada.
Acetato triplúmbico		Nada.
Polvos de plata		Nada.

El líquido filtrado presentó las siguientes reacciones:

Agua de cal	Nada.
Nitrato argéntico	Precipitado blanco muy tenue soluble en el amoniaco.
Cloruro bárico	Precipitado blanco abundante insoluble en el ácido nítrico.
Sulfhidrato amónico	Coloración pardusca.
Ferrocianuro potásico	Nada al punto.
Hidrato potásico	Enturbiamiento casi imperceptible.
Amoniaco cáustico	Enturbiamiento casi imperceptible.
Ferrocianuro potásico	Coloración azulada.

Ferrocianuro potásico y ácido nítrico	Coloración azulada.
Oxalato amónico	Precipitado blanco.
Fosfato sódico-amónico	Precipitado blanco.
Cloruro platínico y alcohol	Precipitado amarillo tenuísimo.
Bimetantimoniato potásico	Ligero precipitado
(Sobre el líquido concentrado y filtrado)	Granugiento.

El precipitado que quedó en el filtro se presentaba blanco rosáceo soluble con residuo en el clórido hídrico hirviendo, precipitado la solución por los siguientes reactivos.

Amoníaco	Precipitado rosáceo que por la acción de la potasa disminuye de volumen aumentando de coloración.
Ferrocianuro potásico	Coloración azul Prusia.
Cloruro platínico	Precipitado amarillo tenue y cristalino.

De lo expuesto se deduce: 1.º Que el agua que se estudia contiene los siguientes cuerpos en disolución. «Clórido hídrico, ácido sulfúrico, óxido ferroso, óxido cálcico, óxido magnésico, óxido potásico y óxido sódico»: 2.º Que el precipitado suspendido en dicho líquido, se halla constituido por óxido férrico, óxido alumínico, óxido potásico y sílice.

A pesar de la no muy notable cantidad de principios mineralizadores existentes en el agua mineral ensayada, y teniendo en cuenta que en ella predominan los sulfatos magnésico, sódico y ferroso y el cloruro magnésico, podemos clasificarla como «agua mineral medicinal salino ferruginosa sulfatada», y atribuirla «à priori», como propiedades terapéuticas (separadas las materias en suspensión) la de diurética y reconstituyente.

No debe esto llamar la atención, pues clasificándose como «aguas minero-medicinales» las de «Fitero (Pamplona), Hermida (Santander), Sacedón (Guadalajara)», etc., que contienen, la primera una cantidad casi igual y las dos últimas, proporciones mucho menores de sales minerales que la que acabamos de analizar, igual o mayor motivo existe para clasificar estas del modo indicado.

No se extrañe tampoco la ausencia en ella de diversos gases que generalmente existen en disolución en las aguas minerales salinas, pues siendo la temperatura del manantial casi igual a la de la ebullición según datos proporcionados al digno catedrático de farmacia don Fernando Benítez, se comprende que a dicha temperatura se hayan desprendido los que pudiera haber contenido en disolución.

En cuanto al origen de las sales que la mineralizan, aun cuando no podamos partir de base sólida por carecer de datos geológicos y topográficos, podemos admitir que sean probablemente producto de la disgregación de rocas feldespáticas y de la descomposición de algunas piritas que encontraría a su paso el agua auxiliada por su elevada temperatura que reconocería por causa, ya la inmediata radiación del calor del volcán ya la notable profundidad de donde provendría el agua, o las violentas reacciones químicas que encontraría y provocaría a su paso. Así se explica la notable proporción de sílice encontrada en la materia suspendida en ella con relación al óxido alumínico (0,102, 0,035).

Capítulo XV. Los chinos en Filipinas

Según los datos estadísticos que venimos consignando en estas páginas, resulta haber radicados en la provincia de Albay gran número de chinos, observación que hace nos detengamos y nos ocupemos de esta raza.

La creciente inmigración china en Filipinas, está siendo en la actualidad objeto de grandes controversias, pues mientras hay pesimistas que creen que todos los males que se desarrollan en aquellas islas son de origen chínico, hay otros optimistas que sostienen que todas las cargas y obligaciones de aquel tesoro, las levanta el espíritu mercantil del hijo del Celeste Imperio; y puesto que estamos frente a este problema, vamos a decir algo por nuestra cuenta. La primera cuestión que surge es la siguiente: Publicado el Código penal en Filipinas, y vigentes por lo tanto sus artículos 155 y 156 que previenen que para los efectos de dicho código se entienda que, al hablar de España se comprende bajo tal denominación, cualquiera parte del territorio nacional: reputándose español toda persona que, según la Constitución de la monarquía goce de tal consideración, ¿se reputarán como españoles y con derechos y deberes de tales, a los hijos de padre y madre chinos nacidos en Filipinas, y a los no nacidos en aquellas tierras, pero sí radicados serán extranjeros con el disfrute del fuero que aquellos tienen? No desconocemos que no poca gravedad envuelve la contestación a esta pregunta; sin embargo, no titubeamos en contestar, que hoy por hoy el chino debe quedar sujeto a su sistema de empadronamiento, mas no irritantes disposiciones que le colocan en desairada situación en aquellas sociedades, que ni le toleran la presencia de sus mujeres, originando con ello sacrílegos contubernios, como medio de llegar por la forma de un Sacramento en que no creen, a la posesión de una mujer que abandonan tan luego pueden volver en busca de la para ellos legítima, como asimismo no les admiten protectores representantes de su raza, al no establecerse la creación de consulados chinos. La orfandad de autoridades propias, el odio y desprecio de que son objeto por parte de los naturales, y los gravámenes y recargos que sobre ellos pesan, la vengan con una perfecta indiferencia envuelta en una permanente e indefinida sonrisa que no abandonan hasta que al dejar el Corregidor en demanda de sus hogares, lanzan sobre las cruces de nuestras torres y los colores de nuestra enseña, la tan vulgar y repetida frase de «no más Santa María castila y señolía». Palabras que sintetizan las malas impresiones de la estancia y el placer de la partida. A que esa indiferencia desaparezca, y a que ese poderoso elemento de riqueza al par que de trabajo y sufrimiento, que lleva en sí la raza china se arraigue con carácter permanente, y no de paso o de invernada, es a lo que yo entiendo se debe dirigir nuestra política colonial. En Filipinas, el chino tiene una personalidad jurídica propia y exclusiva distinta de todas las demás. Sus tributaciones, sus empadronamientos, derechos y deberes, y hasta los rituales civiles para llegar a efectuar casamientos católicos, se ajustan a procedimientos especiales. El chino que llega a Filipinas es un número de orden y otro de chino. El código de comercio de 1830, que se hizo extensivo a Filipinas en la Real cédula de 26 de julio de 1832, deja en las novedades que introduce las divisiones de raza, pues que da reglas para las inscripciones en la matrícula de comercio de los mestizos e indios sangleyes, quedando desde aquella fecha las razas, jurídicamente hablando, perfectamente definidas y cada una de ellas sujetas a leyes especiales; pero hoy que todo propende a la unificación en cuanto compatible sea con las civilizaciones de Asia, y en que se ha dado el gran paso, en tal sentido, con la creación de la cédula y la abolición del tributo, símbolo de raza; y hoy en que se dice son españoles todos los nacidos en territorios españoles, y extranjeros los que lo fueren en otras tierras, el chino sea fiel o infiel, nacido en territorio español o en suelo extranjero, dentro de aquella legislación, de aquella tributación, de aquellas patentes, de aquellas restricciones, no será, si explícitamente no se consigna, dentro de la vida mercantil de aquellos pueblos, ni español ni extranjero; será chino, mejor dicho, será un número o una patente; número que en sus quejas y reclamaciones no tiene más autoridad a quien acudir dentro de su raza que a su Gobernadorcillo, último remedo de los poderes gubernamentales, estando sujetos lo mismo a las genialidades de los pedáneos indios que a los rigores del trabajo público a que le llevan la más pequeña demora en los pagos.

Más de 70.000 chinos, mejor dicho, más de 70.000 números o «patentes humanas» hay empadronados en Filipinas. «Números» que podrán ser —yo no lo dudo— malos elementos de colonización, pero que afirmo son uno de los primeros factores de los ingresos del Tesoro, alcanzándoles todas las contribuciones y gabelas, ora directas, ora indirectas, cobrándoseles lo mismo por la virtud del trabajo, signo característico de su raza, como por los extravíos de sus vicios o necesidades. Los fumadores de opio llevan a las cajas del Estado no pocos millones y se comprende, pues estando estancado el opio, y contrabando fumarlo fuera de los sitios, mejor dicho pocilgas destinadas al efecto, el vicio sale muy recargado, y por lo tanto muy caro. El alcoholismo, el tabaco, los goces sensuales, la gula, y cuanto constituye un vicio o un placer se puede servir a domicilio en todas partes del mundo, y solo el chino para proporcionarse el goce de aspirar el humo del anfión necesita hacerlo en un sitio determinado, inmundo y nauseabundo, llamado fumadero, so pena de ser reo de una causa criminal por contrabandista, y de incurrir en la pena de 500 duros de multa, mas las costas o destinársele a trabajos públicos por cada medio peso que dejen de satisfacer, amén de estar presos mientras se tramitan los allí largos procesos, si no prestan cuantiosas fianzas sujetas a arbitrarias apreciaciones.

Hoy existen en Filipinas, como ya hemos dicho, más de 70.000 chinos; todos ellos, salvo poquísimas excepciones, con el carácter de transeúntes, y esa masa de población que se renueva constantemente con todos los perjuicios que trae en pos de sí la accidentalidad, produce solo en los fumadores de anfión y registro de capitación más de 15 millones de reales anuales. Si a esto se agrega que la mayor suma del importe de patentes son chinas, que en la renta de lotería el primer factor que la sostiene es el chino, y que tanto la industria como el comercio filipino tienen en aquella raza un poderosísimo auxiliar, sobradamente demuestra que nuestras leyes no deben tener olvidado a ese «numerario humano» que constantemente llega a nuestras playas, y que es preciso aumentarlo y ayudarlo. Y no se abriguen recelos en este asunto, ni se busquen restricciones en temores que si en algún tiempo pudieron ser legítimos por más que los desmintieran las derrotas de las potentes armadas de Limahon, y las fuerzas de Sioco; hoy aquellos temores serían puramente imaginarios y el que los tuviera demostraría desconocer en absoluto el espíritu y aspiraciones de la raza china en sus permanencias en otros territorios que no sean los suyos. Y si como dice, y dice muy bien la exposición que precede a los actuales presupuestos de Filipinas, que allí «la producción, como la industria y comercio exigen protección grande para adquirir la virilidad que necesitan para consolidarse y entrar en el concurso general en condiciones de posible competencia,» entiendo que para que esa gran protección sea una verdad en cuanto a uno de los elementos más fuertes de la producción, de la industria y del comercio, se hace preciso en primer término hermanar en cuanto sea posible los reglamentos especiales que se refieren a los chinos con todas aquellas evoluciones que necesariamente ha de llevar a Filipinas la sustancialidad del art. 1.° de la Constitución española.

En mi pobrísimo juicio, entiendo que en toda ley deben presidir conceptos concretos e ineludibles, huyéndose cuanto posible sea de crear dudas y vacilaciones en los resultados de su aplicación, que originen arbitrarias resoluciones,

por más que estén aquilatadas en la prudencia que crean largas prácticas de concienzudos tribunales; y digo esto, porque muchos de los artículos del Código de comercio vigente, son objeto en su aplicación del prudencial arbitrio de aquellos tribunales, pudiendo asegurar, sin temor de equivocarme, que de los 70,000 chinos que viven en Filipinas, el 80 % se dedican a comprar y vender, ejerciendo por lo tanto el comercio, sin que ninguno de esos miles de comerciantes esté dentro del Código de comercio, y mucho sería encontrar casas españolas o extranjeras que puedan justificar estar libres de olvidos de algunas prevenciones del Código. Una de las mayores dificultades que se tocaron en la tristísima memorable quiebra de la casa de Russell Sturgis, la más antigua y poderosa de cuantas hasta ahora han funcionado en Filipinas, fue la forma de llevar los libros contraria a lo que manda el Código. El mismo Banco Español Filipino con toda su legítima preponderancia, reconocida minuciosidad y puritana administración, no juraríamos esté exento de alguna infracción más o menos grande.

Para comprender las vicisitudes y restricciones que vienen sufriendo los chinos en su vida mercantil en Filipinas, se añadirá a lo ya expuesto algunas indicaciones de los puntos más salientes de la legislación de aquellas islas, en las que es de notar, ya existía antes de la conquista, un vivísimo comercio con los chinos, compartiendo con ellos las transacciones, japoneses y borneys, a los que más tarde se unieron moros y armenios, con sus cargamentos de la India. En la historia filipina se consignan no pocos privilegios mercantiles contrarios a los intereses chínicos.

Por real cédula de 11 de enero de 1593 se otorgó privilegio especial a los vecinos de Manila para que pudieran despachar todos los años al puerto de Acapulco dos naves, repartiéndose entre aquellos por medio de vales el tonelaje de carga, formándose de esta suerte la razón social llamada «La nao de Acapulco». Por reales cédulas de 8 de enero de 1718 y 27 de octubre de 1720 se prohibió el que se admitieran en las naos tejidos de seda de la China, prohibición que subsistió hasta la real cédula de 8 de abril de 1734 que declaró lícito dicho comercio.

Si trabas tuvo el comercio chino y sus productos con las «naos de Acapulco», no las tuvo menos con la célebre «Compañía de Filipinas», creada por real cédula de 6 de mayo de 1781, en cuya compañía tomó el rey la octava parte de acciones; concediendo a la expresada compañía entre otros monopolios, el exclusivo de hacer el comercio entre las islas y la Península, el que duró hasta la real cédula de 6 de septiembre de 1834.

Esto en cuanto al comercio de exportación, pues respecto al interior, los chinos como todos los extranjeros no podían vender al pormenor ni internarse en las provincias, ni mandar agentes o apoderados para adquirir frutos del país. (Bandos de 4 de febrero de 1828 y 11 de noviembre de 1840.)

Desde la creación de la alcaicería de San Fernando, o sea desde que a los chinos se les señaló como domicilio esa casa de contratación mandada construir por Real cédula de 7 de septiembre de 1758, no han cesado nuestros legisladores de dictar disposiciones referentes al comercio chino, siendo en verdad la mayoría de ellas altamente odiosas, y si bien el Código de comercio fue promulgado en Filipinas, esto no obstante fue introduciendo la práctica y disposiciones posteriores grandes limitaciones, y al efecto, pueden verse la circular de 31 de octubre de 1832 sobre capitaciones y empadronamientos de chinos, el superior decreto de 31 de agosto de 1839 estableciendo prisiones indefinidas por falta de pagos de capitación, y restricciones para ejercer el comercio, y trabas para ausentarse del país, hasta el punto que no podían hacerlo, cual acontece hasta el día, sin licencia del Gobernador general, expediente y fianza. Ese mismo superior decreto dispone en su art. 22 que para ejercer los chinos el comercio necesitan expresa autorización del Gobierno, exigiéndoseles pagos adelantados por las licencias, como asimismo por invernadas para reparos en la Alcaicería donde necesariamente debían pernoctar. Por bando de 13 de diciembre de 1843 se prohíbe a los chinos no radicados obtener licencia para viajar fuera de la provincia de Tondo, de donde no podían ausentarse según el particular cuarto del decreto de 28 de junio de 1848 sin licencia del Gobierno general. Por decreto de aquella autoridad de 20 de diciembre de 1849, se ordena que a los chinos no se les conceda ni residencia, ni ejercicio de sus oficios en las Filipinas sin obtener la competente autorización. El decreto de 5 de agosto de 1850 previene en su particular sexto que los chinos destinados al fomento de las haciendas no podrán dedicarse a otra clase de trajín, comercio, ni oficios mecánicos. El Decreto de 15 de septiembre de 1852 divide los chinos en tres clases, señalando a cada uno de ellos un número que corresponderá al del padrón y al de la patente que se les expida, y según el artículo 28 de dicho decreto solo los chinos de primera clase ejercerán la profesión, industria u oficio que más les acomode. Por el art. 31 se les impone trabajos públicos a los insolventes de pagos a la Hacienda, a razón de un mes por cada 2 pesos; el art. 40 previene que los chinos no podrán ausentarse de la provincia si no prestaren la correspondiente fianza; el art. 42 establece un impuesto sobre tiendas y talleres de chinos, pagándolo el que esté al frente de dichos establecimientos, sin que pueda servirles la alegación de pertenecer a sus mujeres o a otras personas; dividiéndose las tiendas en cuatro clases, pagando las de primera 100 pesos, las de segunda 60, 30 las de tercera y 12 las de cuarta; formándose con esta división un registro por las subdelegaciones de Hacienda, a las que están obligados los cabecillas de los establecimientos chínicos a dar cuenta de lo que venden y a cuantas noticias se refieran a abrir, cerrar, vender o traspasar tiendas o talleres, llevándose nota de cualquier novedad al registro. La falta de pago de este impuesto se castiga con trabajos públicos.

En el cuadro que precede, «y conste que no esta recargado», hay sombras desconsoladoras que es preciso desaparezcan. Ni somos partidarios de las extremadas complacencias, ni de las sistemáticas prevenciones. Corríjase enhorabuena al chino, en lo que de corregir sea, pero considéresele y protéjasele en todo aquello que lo merezca, no olvidándose que las competencias no se vencen con declamaciones, y sí con el trabajo, la baratura y el perfeccionamiento.

Capítulo XVI. De Tabaco a Calolbon

Isla de Catanduanes. Su situación. Clima, terreno
y productos. Los primeros misioneros. Calolbon.
Etimología. Estadística. Clero. Medios para que se
aprendiera el español. Birac. Su extraña configuración.
Censo civil y eclesiástico. Formaciones auríferas. La
bandera y la lengua patria. Bato. Situación, etimología
y estadística. Puente y balsa. «Perecederas» obras.
Viga. Formas de locomoción. El gran Cantilamo.
«Expedicioncita de recreo.» Los altos plenilunios. El
lintianac bicol. Etimología. Estadística. Payo. Origen de
esta palabra. Censo tributario-Bagamanot. Etimología,
situación, estadística y temperatura. Ocupación de
aquellos habitantes. Pandan. Origen de este nombre.
Productos. Estadística. Caramoran. El por qué de este
nombre. Estadística. Falta de una cifra «Catanduanes»

De Tiui regresamos al pueblo de Tabaco, en donde nos esperaba un buen baroto en el que habíamos de hacer las 16
millas de travesía que hay de aquel pueblo al de «Calolbon»,
situado en la isla de Catanduanes; travesía que hicimos en
seis horas.

La isla de Catanduanes pertenece, según ya dejamos dicho, a la provincia de Albay, derivándose su nombre de uno
de los ríos de aquella isla llamado «Catandunga». Según el
geógrafo, padre Buceta, se encuentra situada entre los 127°
43' 30" longitud, punta Siolah, y los 128° 10' ídem, punta
Gimoto, y los 13° 30' latitud, punta Taguntum, y 14° 7' 30"
ídem, punta Yot: 2 1/2 leguas de la costa E. de la provincia
de Camarines Sur, al E. de esta provincia y al N. de la de
Albay. Su mayor longitud desde la punta Taguntum a la de

Yot, o sea de N. a S., es de unas 12 1/2 leguas, y de E. a O., o sea su mayor anchura, 7 2/3: de modo que conforme a su figura viene a tener por un promedio unas 55 leguas cuadradas. El clima de esta isla es bastante templado; pues a más del mar que la rodea dulcifican también los ardores del Sol los muchos montes que en ella se encuentran, sin embargo que ocurren muchas tempestades y que la combaten los vientos del NE. contra los que no tiene ningún abrigo. Contiene la isla 8 pueblos situados al N. y al S. llamados Calolbon, Vira, Bato, Viga, Payo, Bagamanoc, Pandan y Caramoran. Por la costa del E. hállanse primero pegadas a ella los islotes de Minigil y Panay, la punta de Pandan en los 128° 9' longitud, 13° 48' latitud; la ensenada y punta de Gimoto en los 128° 10' longitud, 13° 45' latitud; el puerto de Barás en los 128° 5' longitud, 13° 38' 30" latitud, y en la costa del S. la punta Nagunbuaya a los 128° 4' latitud, 13° 31' 50" longitud donde concluye la costa E. de la isla y que forma también por la parte del S. una ensenada con la punta más meridional de la isla, que es la de Taguntum, a los 127°,33' longitud, 13° 50' latitud.

Hállanse también en la costa S. los puertos de Virac y Calolbon, y el bajo Teresa donde se pierden con frecuencia las embarcaciones, y la punta Agojo en los 127° 45' longitud, 13° 48' latitud. De esta punta a la de Siolal presenta la isla esta parte de la costa hacia el SO., cambiándose después desde la referida punta Siolal, que está en los 127° 43' longitud, 13° 52' latitud, al O. En esta parte se encuentra la punta Ilacaong en los 127° 49' longitud, 13° 55' latitud, y la ensenada de Carag, desde donde empieza ya la costa a convertirse al N., encontrándose la punta Yot en los 127° 56' longitud y 14° 7' latitud.

El terreno de esta isla es muy fértil, y abundan los ríos en cuyas arenas se encuentra algún oro en polvo. Sus montañas parten del centro de la isla, dirigiéndose en dos cordilleras, hacia el S. la una, yendo a formar la punta Nagumbuaya, y la otra que se corre al N., a rematar en la punta Yot. Esta cordillera que se dirige de N. a S., extiende sus ramificaciones por toda la isla. Las principales producciones, son: el arroz, maíz, abacá, algodón, burí y cocos. En sus montes se crían buenas maderas de construcción y ebanistería, mucha caza mayor y menor, miel y cera⁹ que depositan infinidad de abejas que en todos aquellos sitios se encuentran.

Los primeros misioneros que llegaron a esta isla fueron víctimas de la barbarie de sus naturales. Sus costumbres en aquel tiempo eran casi iguales a las de los visayas; pintábanse el cuerpo como estos últimos, y sus usos eran semejantes a los de aquellos.

Ya hemos dicho que el puerto de desembarque que se elige en la navegación de Tabaco a Catanduanes, es el de Calolbong, palabra bicol que quiere decir lugar oculto o escondido. Dada la situación de este pueblo, encerrado entre los montes y la mar, nada mas lógico que se le conociera con aquella denominación. Linda con Birac y Caramoran. Tiene dos barrios llamados San Vicente y San Rafael, mas la visita Todón, componiendo una masa de población de 2.248 almas, de las que tributan 1.081. Se inscribieron 141 bautizos, treinta casamientos y treinta y cuatro defunciones. Asisten sesenta niños de ambos sexos a las escuelas, desconociéndose casi por completo la lengua española en toda la isla, en donde no hay radicado más que un europeo y quince chinos.

El clero que administra la parroquia de este pueblo, como las de los demás de todo el distrito, son clérigos indios, y tanto escasea en aquella isla el conocimiento del castellano,

9   En la Exposición filipina hay dos buenos ejemplares procedentes de Catanduanes. El uno es de cera purificada, el otro lo es virgen, y ambos fueron premiados en la Exposición de Filadelfia. (N. del A.)

que en las elecciones de Gobernadorcillos, hay que prescindir de este requisito, indispensable según las disposiciones vigentes para ocupar aquel puesto.

Y ya que nos encontramos con esta infracción legal, creemos procedente manifestar que uno de los alicientes más poderosos que podrían llevarse a Filipinas en pro de la lengua española, sería prohibir en absoluto que hubiese Gobernadorcillos, tenientes y jueces mayores que no entendiesen siquiera fuese medianamente el español, previniéndose que caso de no haber en algún pueblo indio que reuniese aquellas condiciones, se le pudiera proveer de autoridades, con naturales de otros pueblos. El amor propio y el espíritu de localidad, serían gran aguijón en el indio, que aspira siempre a la dignidad de Gobernadorcillo, una de las metas de sus ambiciones.

El caserío de Calolbong es de caña, nipa y demás materiales ligeros, no habiendo en todo el pueblo más que ocho casas de alguna solidez. Riegan sus campos los ríos llamados Patorbe y Alibuag.

Pocas horas permanecimos en este lugar triste y solitario. De Calolbong a Birac hay unas cuatro horas de camino en hamaca o caballo, prefiriendo la primera, por cuanto a la mitad del camino se encuentran pendientes muy pronunciadas.

No encuentro la razón etimológica del nombre de «Birac», a menos que no proceda de la extraña configuración panorámica del pueblo visto desde las alturas de sus montes, configuración que se asemeja a las líneas que forman la concha llamada Venus, y en este caso, «Birac» procedería de la palabra anticuada «birat», que significa los órganos genitales de la mujer.

Birac, contando con sus dos barrios denominados Santo Domingo y Antipolo, tiene una densidad de población de

5.066 almas, de las que tributan 2.326. Su censo eclesiástico está representado por 244 bautizos, treinta y seis casamientos y 119 defunciones. A las escuelas asistían unos sesenta niños de ambos sexos.

Los campos de Birac producen arroz, maíz, abacá y bejucos. Corren por aquellos dieciséis ríos.

En los sitios llamados Boyo-Cayanipi y Mapoting-Bulauan, se encuentran formaciones auríferas que los naturales explotan en pequeñísima escala, empleando los medios más rudimentarios que se usan en el mundo para esta clase de trabajos. Bien es verdad, que ¿para qué han de explotar con gran afán los indios de Catanduanes ni el oro, ni los diamantes, si los hubiera, si allí, en aquellas costas que las cierra a toda navegación las bravías monzones del NE., viven aquellos indios en perfecto «quietismo» ignorando lo que pasa más allá de los estrechísimos horizontes que limitan las altas y encadenadas montañas que por todas partes cierran la isla? Sin necesidades ni aspiraciones, nacen, viven y mueren aquellos seres, yendo muchos de ellos a dormir el sueño eterno, sin conocer de la madre España más que los colores de su bandera, «suponiendo», y suponer es, que la tengan todos los tribunales. En cuanto a entender el español en aquellos pueblos, sería tanto como hablarles en caldeo o en hebreo. Allí se predica, se confiesa y se administra justicia en bicol y nada más que en bicol, y dicho esto, huelgan todos los comentarios y las amargas reflexiones que tales hechos surgen en la mente. ¡Desconsuelo y no poco produce el ver que al pié de una bandera se congregan miles y miles de seres, y que estos no sepan saludarla en la lengua que personifica y encarna!...

De Birac a Bato hay un regular camino, haciéndose un pequeño trecho embarcado. En esta jornada se emplean unas tres horas.

Bato quiere decir piedra, y no pocas, en verdad, abundan por allí.

Bato está situado a la derecha del río de su nombre, teniendo el monte Sipi al O. y el de Cagbalayan al E. Dependen de él dos visitas y catorce barrios, siendo de citar entre estos los de «Gigmoto», Obo y Batalay. Este último recuerda en una modesta cruz la visita del obispo don Diego de Herrera. Bato contiene 5.848 almas, de los que tributan 2.657. Se verificaron 276 bautizos, sesenta y dos casamientos y noventa y seis defunciones, y asistieron a las escuelas por término medio unos setenta niños.

Mi cartera de viaje la tengo llena de los infinitos nombres con que se conocen en la localidad los montes, ríos y arroyos que por allí se encuentran. Frente al tribunal se alza un puente que pone en comunicación las dos márgenes del río a que da nombre el pueblo. Por este puente solo se permite pasar peatones, y se comprende, teniendo en cuenta que los materiales ligeros de que se compone, no podrían resistir grandes pesos. Tiene más de 90 brazas, y su construcción, que participa de puente y de balsa, se «remienda» muy a menudo, y digo se remienda, porque por allí no se emplea en las obras ni un solo clavo, «cosiendo» y uniendo el bejuco, las cañas, las palmas bravas y el cogon, únicos agentes de aquellas «perecederas» obras.

Antes de emprender el viaje de Bato a Viga recomiendo al que lo intente haga testamento y se ponga bien con Dios. En cuanto a la forma de locomoción entran todas las conocidas en el país, llegando a algunos puntos, en que el viajero tiene que ayudarse de bejucos tendidos sobre los precipicios, o las casi verticales estribaciones del gran Cantilamo. Sin la cooperación de aquellos bejucos volantes, y sin la práctica y esfuerzos de los guías indios no habría medio de hacer el viaje de Bato a Viga por tierra. Contando con toda clase de elementos se tarda en esta «expedicioncita de recreo» dieciséis a veinte horas. Las vertientes del Cantilamo dividen las jurisdicciones de Bato y Viga. La altura del último picacho de este célebre monte es tal, que no hay ninguno de aquellos naturales que no afirme con la mayor ingenuidad que desde allí se oyen en las horas de los altos plenilunios los dulces ecos de las harpas celestiales. Nosotros pasamos por allí en plenilunio bien alto, y aunque varias veces «vimos» el cielo, y no menos medimos con nuestro cuerpo el suelo, no oímos más «música» que la producida por el rodar de las piedras en los precipicios, la originada por el despeño de las aguas, y la que arrancaba de nuestros labios el «lintianac» bicol al caer o tropezar. «Lintianac» quiere decir rayo, y es la imprecación más fuerte que conoce el indio.

Viga se llama en bicol a una raíz farinácea de la familia de los «gabes» que abunda en Catanduanes.

Las hojas de esta farinácea son grandísimas sirviendo a los indios de paraguas.

El pueblo que nos ocupa tiene un barrio llamado Napó, contando con el vecindario de este, un total de 2.960 almas de las que tributan 1.378. Se verificaron 118 bautizos, ochenta y cuatro casamientos y cuarenta y seis defunciones: nos aseguraron que asistían a las escuelas unos cuarenta niños de ambos sexos. El caserío es todo de materiales ligeros, probando el atraso y pobreza de este pueblo el hecho de no haber chinos radicados.

De Viga a Payo hay un mediano camino, y seguramente como lo pasé bajo la impresión del que habíamos dejado horas antes, me pareció tan «superior», que ni el caminito del cielo me lo figuro tan cómodo como el de Viga a Payo. Tardamos en llegar a este pueblo cuatro horas, «montando» una descomunal calesa tirada por dos buenos jacos.

Payo quiere decir cabeza, y como de estas hay tantas y tan huecas en aquel pueblo, no sabemos el punto facial de arranque de aquella etimología.

De Payo dependen nueve barrios componiendo un total de población de 1.972 almas de las que tributan 891. Se registraron sesenta y un bautizos, veintiséis casamientos y veintidós defunciones: asegurándonos concurrían a las escuelas veinticinco niños de ambos sexos.

En unas dos horas de camino en carromato hicimos la distancia de Payo a Bagamanot, palabra cuyas raíces «baga y manot» quieren decir «cosa que tiene forma de gallo». Este pueblo tiene por anexo a Payo, y como ya hemos dicho, linda con él y con el de Pandan. Está situado a la orilla del mar, siendo su ensenada, hasta no ha muchos años, uno de los puertos de refugio de las escuadrillas moras. Tiene 417 almas, que con 1.972 que compone su anexo Payo, suman 2.389, de las que tributan 891. Se registraron cuarenta y siete bautizos, catorce casamientos y cuarenta y dos defunciones. A las escuelas me dijeron concurren treinta niños de ambos sexos. Payo y Bagamanot son independientes entre sí en la administración espiritual y gubernamental, siendo solo anexo el primero del segundo en el orden administrativo. La temperatura que se experimenta en este pueblecito en los meses de abril a julio es insufrible,

por estar encerrado entre la mar y la cordillera del Malaquio. Produce cera en bastante abundancia, palaí y abacá. La ocupación habitual de aquellos habitantes es la caza de venados y puercos de monte, de cuyas carnes hacen la renombrada «tapa», tasajo salado, que se conserva mucho tiempo sin perderse. La tapa de venado bien condimentada es un exquisito manjar.

El viaje de Bagamanot a Pandan, para verificarlo con relativa comodidad, debe hacerse embarcado hasta la visita de Tabobo, y de aquí en hamaca hasta Pandan, no pudiéndose utilizar el caballo por las quebradas y precipicios que tiene el monte Pulipusyan. En esta expedición se invierten de diez a doce horas. Pandan recibe su nombre de un pequeño arbusto así llamado, pródigo en sus campos y semejante en fruto y hojas a la piña. Barrios, propiamente dicho, no tiene Pandan, si bien hay en su jurisdicción diez o doce agrupaciones de algunas viviendas. El abacá, el arroz, la caza y la ganadería de vacas y carabaos, constituyen la riqueza de este pueblo, que lo forman 2.238 almas, de las que tributan 1.045. Se inscribieron en los libros parroquiales 113 bautizos, veintiséis casamientos y treinta y dos defunciones. Asistieron a las escuelas cincuenta niños de ambos sexos.

Caramoran es el último pueblo de los ocho que componen el partido de Catanduanes. Desdentado significa la palabra bicol «caramoran», y apropiada está al dar nombre a aquel pueblo asentado entre montes de irregulares cresterías. Lo separa de Pandan cuatro horas de hamaca. El pueblecito que nos ocupa tiene 838 almas, tributando 450. Los bautizos alcanzaron el número de treinta y siete, diez los casamientos y diecisiete las defunciones; asistieron a las escuelas veinte niños de ambos sexos.

De Pandan, y tras un larguísimo viaje, regresamos al puerto de llegada, o sea Calolbon, en donde nos embarcamos para Legaspi, cansados de cuerpo y abatidos de espíritu al ver el atraso en que se encuentra la isla de Catanduanes.

La falta de una cifra en sus estadísticas nos reconciliaba hasta cierto punto con el estacionamiento de aquellos pueblos. Aquella falta está en los cuadros de criminalidad en los que aparecen en blanco.

Capítulo XVII. La cédula y el tributo

Ya dejamos dicho que en los datos estadísticos conservamos la denominación de tributo, y no el de cédula, porque el indio de Albay sigue conociendo esa contribución con el primitivo nombre con que la ha sufragado

tantos años. Y al hablar de esta reforma tributaria veremos que en nada ha gravado el antiguo sistema, limitándose en el indio a un cambio de palabra, y a borrar con ella en los presupuestos el signo característico de la división de razas.

Se ha dado en afirmar, generalizando la idea, por unos inconscientemente, porque no se han detenido en fijarse en los hechos, por otros con la intención que es fácil de adivinar, que el indio satisface en la actualidad, después de las reformas económicas llevadas a cabo en el Archipiélago, más cargas contributivas, que por el antiguo sistema. Nada menos exacto. Téngase en cuenta que nos referimos a la mayoría de los habitantes, a la masa de la población, a los que anteriormente a los decretos que rigen desde julio de 1884, se comprendía con la denominación de tributantes; no a los que antes y después están obligados por razón de su industria o comercio al pago de la contribución industrial. Puede decirse que actualmente, lejos de pagarse más, el beneficio que al indio resulta es evidente. Vamos a demostrarlo en pocas palabras.

Antes de la reforma, la contribución única directa que al natural de aquellas provincias se le exigía por el Estado, que hasta sagrada era para aquel, puesto que su imposición data casi de la época de la conquista, era la conocida por tributo, obligando su pago a todos los comprendidos entre los dieciocho y sesenta años de edad; cumplidos los cuales dábaseles de baja en el padrón tributario, a su instancia, pasando a ser inscritos en el de «reservados por edad». Y para justificar la aseveración que antes hemos apuntado de ser a los ojos del natural hasta sagrado este impuesto, citaremos el hecho a nosotros ocurrido con frecuencia de negarse muchos sexagenarios a dejar de tributar. El pago era el de un peso al año, satisfecho por servicios, se le recargaba además con un real fuerte para el sostenimiento del culto, recargo que se le denominaba «sanctorum», más otro real en concepto de la suprimida renta de los alcoholes.

La provincia y el municipio no contaban con más recursos de importancia fuera de los indirectos que con el servicio de la prestación personal. Consistía este en el trabajo a que estaba obligado el indígena durante cuarenta días al año, a prestar en las obras públicas del pueblo de su vecindad o de la provincia, según los casos; siendo potestativo el redimirse de aquella obligación mediante el pago de 3 pesos, a cuya exacción se la distinguía con el nombre de «polos», así como se entendía por «fallas», la que se satisfacía, digámoslo así, al detalle por el tributante no redimido y por el día o días que dejaba de concurrir al trabajo que se le señalaba; redúcíase este impuesto al pago de doce cuartos por día.

Tenemos, pues, que por tributo y polos satisfacíase 4 pesos y 2 reales fuertes, y de no hacer uso de la redención a metálico, exigíasele 1 peso y 2 reales fuertes y cuarenta días de trabajo. Es nuevamente de advertir que nos referimos solo a los impuestos directos que gravan a la masa de la población, a la clase tributaria.

Veamos si con la reforma sale perjudicada aquella.

Suprímese el tributo y se sustituye la cédula personal de 9.ª clase. Es de advertir que se crean diez clases de cédulas, desde la 1.ª, que importa 25 pesos, hasta la 9.ª, en escala gradual descendente, por la que se paga un peso y medio, pues la 10.ª es gratis, creada para los pobres de solemnidad, así como existe otra de privilegiados, igualmente gratis, a la que tienen derecho los Gobernadorcillos, sus mujeres, los munícipes, cabezas de barangay, etc. Están obligados a proveerse de cédula personal todos los habitantes, sin distinción de raza ni nacionalidad,

y con arreglo a la renta o sueldo que perciben. Para nuestro objeto, sin embargo, nos fijamos solo en la clase 9.ª, que es, repetimos, la que realmente sustituye al antiguo tributo, y la 6.ª, pues que proveyéndose de esta, previo el pago de 3 pesos, queda el contribuyente relevado de la obligación de trabajar los quince días al año, a que ha quedado reducida la prestación de cuarenta. Estos quince días obligatorios para los que satisfacen cédula de 9.ª clase, son irredimibles, concediéndose la redención solo de hombre por hombre, y pagando una multa de medio peso, en el papel al efecto creado, por día de inasistencia.

Además de las cédulas, como recurso para la provincia se establece el impuesto provincial, que consiste en el pago de un peso y medio, satisfecho por trimestres, como la cédula de 9.ª clase; esta contribución, al igual que las cédulas, obliga a todos.

Así, pues, tenemos que el tributante paga 3 pesos por contribución directa al Estado y a la provincia, con la obligación de trabajar quince días al año, o 4 y medio pesos sin esta carga, proveyéndose de cédula de 6.ª clase. Véase a qué queda reducido el tan decantado aumento, pues si bien aparece un pequeño gravamen, en cambio los cuarenta días de prestación personal redúcense a quince.

Capítulo XVIII. Último rincón de la Yraya

Manantial de Borogborocan. Quipia. Su historia.
Estadística. Donsol. Situación. Censo civil y eclesiástico.
Azcune y Melliza. Un buen astillero. Música y escuela.
De Donsol a Pilar. Límites. Caserío. El remedio cerca
del mal. Censo tributario. El «Catalina». Partido de
Sosogon. Castilla. Su fundación, etimología. Límites y
estadística. Magallanes. La «María Rosario». Restos de
un astillero. Las armas de Castilla. Estadística. Bulan.
Seno de Sorsogon. Límites. Productos y censo tributario.
Matnog. Viaje por tierra y por mar de Bulan a Matnog.
Etimologías y estadística. Bulusan. Derivación de esta
palabra. Historia y cifras comparativas. Volcán de
Bulusan. Barrios y población. El indio y las galleras
Nos resta conocer del partido de la Yraya los pueblecitos de
Quipia, Donsol y Pilar, que según dijimos los encontraría-
mos al dirigirnos al partido de Sorsogon.

El punto de partida que elegimos para esta última expedición, por la provincia de Albay, fue Guinobatan, en donde
nos esperaban los caballos que nos habían de llevar a Quipia.

A pesar de que emprendimos la marcha a las ocho de la
mañana, y a esa hora el Sol calienta en Filipinas, lo mismo
que a las doce, no pasamos gran calor, merced a las espesas
tolderías de aquella rica flora. Antes de llegar a la vista de
Mauraro hicimos un pequeño descanso en el manantial de
Borogborocan. El agua que brota de la misma peña es riquísima.

De Guinobatan a Quipia se invierten cuatro horas. Este
pueblo está situado entre aquel y los de Camalit y Donsol.

De las averiguaciones que hemos practicado no hemos podido precisar la etimología de este pueblo.

Tres campanitas colgadas bajo un tinglado de nipa, un centenar de casas tendidas en una colina, media docena de sucios y adormecidos chinos descansando entre los diversos géneros de su especial comercio, tal cual cara bronceada y desaseada asomada a los tapancos viéndonos pasar, con la indiferencia propia de aquella raza, nos indicaron encontrarnos en Quipia. Este pueblo se formó el año 1649. Su administración parroquial corrió a cargo de los franciscanos hasta el año 1696, en cuya época pasó al clero secular. En 1768 se encargó nuevamente aquella orden de su administración, siendo visita del pueblo de Donsol. En 1794, y a virtud de órdenes superiores, volvió al clero secular. Quipia, con sus barrios, tiene 2.386 almas, de las que tributan 1.136. Los datos eclesiásticos sumaron 128 nacimientos, 38 casamientos y 37 defunciones. Asisten a las escuelas unos 100 niños de ambos sexos, no hablando ninguno de ellos el español. Hay radicados 4 europeos y 7 chinos. Su criminalidad registra 3 procesados.

De Quipia a Donsol puede irse a caballo o embarcado, preferible es optar por lo último, sobre todo si es época de aguas. En un bote de poco calado puede hacerse la travesía entre aquellos pueblos en cinco horas.

Donsol lo divide el río de su nombre, estando situado en la misma bocana que da salida a las aguas de aquel. Desde las extensas playas en que se asienta, se perciben las islas de Ticao y Burias, y las puntas Colorada y Abuqui de la isla de Masbate.

La playa de Donsol corre por el Este hasta la punta Tomaquip. y por Oeste llega a la visita de Quimagaam.

Donsol, con sus veinticinco barrios, compone un total de población de 3.549 almas, de las que tributan 1.847. Se inscribieron 233 bautizos, cuarenta y ocho casamientos y ochenta y un defunciones. Asisten a las escuelas 120 niños de ambos sexos, de los que conocen el español trece. Hay radicados cinco europeos y ocho chinos.

El caserío de Donsol lo divide, como ya hemos dicho, el río de su nombre. En la margen oriental domina con su influencia comercial el bondadoso Azcune, honrado vizcaíno perteneciente a la colonia de Zoilo Aldecoa, rico banquero de Manila, honra del comercio nacional y verdadero patriarca de todos los vizcaínos que hay en aquellos Archipiélagos. Amigo era Azcune, y amigo lo era Melliza, laborioso hijo del país y dueño del magnífico y bien montado astillero que se levanta a las riberas de Occidente, así que tuvimos que aceptar por igual la hospitalidad de aquellos dos hijos del trabajo. Los barcos que se construyen en el astillero de Donsol son bien conocidos, lo mismo que las composiciones y carenas que allí se llevan a cabo por aquel pueblo de trabajadores, sujeto a una disciplina y reglamentación perfectísima. Dentro del astillero hay academia de música y escuela: y al dejar el carpintero el escoplo y el martillo el herrero, se oyen los ecos de una nutrida y afinada música.

Todos los obreros viven al pié de los extensos talleres, contentos y satisfechos. En la escuela se habla el español, verdad es que Melliza ordena y dispone en español. En cambio en las escuelas públicas de aquel pueblo, según los datos oficiales que tenemos a la vista, solo lo entendían trece niños de los sesenta que a ellos asistían, y ninguna niña de las cincuenta que se calcula concurren a aquellos modestos «templos» de la lengua ... bicol.

Los celosos misioneros de Quipia, fundaron una visita el año 1655 con el nombre de Donsol, la que fue administrada como parte de aquel pueblo hasta el año 1688, en cuya época separándose de su matriz le fue asignado por primer ministro al padre franciscano, Pedro Perona. Su primera iglesia fue de caña y nipa. En 1696 se dejó su administración. Por decreto del vicepatrono, de 1768 volvieron los franciscanos a encargarse de la dirección, contando en el citado año 198 tributos. En 1.794 por disposición del patronato se hizo nuevamente cargo el clero secular contando 360 tributos: hoy tiene 1.847 tributantes de sus 3.549 almas. Se registraron 233 bautizos, cuarenta y ocho casamientos y ochenta y un defunciones. Hay radicados cinco europeos y ocho chinos.

Aceptada la galante invitación del señor Melliza, hicimos en su vaporcito «Catalina» la travesía de Donsol a Pilar en hora y media. Este pueblo se erigió por decreto del 6 de agosto de 1861 con las visitas denominadas Santo Niño, Putiao, Sapa y Cadanlagan, dependientes del pueblo de Cagsaua, y las de Inang y Palatoan, anexas del de Albay.

Tiene iglesia y casa parroquial de madera y nipa, y todo el pueblo se compone de unas 500 casitas de aquellos materiales distribuidas en siete barrios. En su término abundan buenas maderas de construcción, cosechándose arroz, abacá, cacao, café y maíz.

Pilar linda por Nicon Albay, por S. con Donsol, y por NO. con Daraga. Está situado en una pequeña ensenada dentro de la bocana que forman las puntas de Cubcub y Tomaquip, en terreno muy quebrado y desigual. El caserío lo dividen en tres barrios, los montecillos Pinacucan y Quniastiyogan. Cerca de la casa parroquial hay un buen astillero que compite con el de Melliza. Si el remedio debe estar cerca del mal, justificado está, se levanten astilleros en las playas del Estrecho de San Bernardino en donde poder refugiarse, y componerse las cientos de averías más o menos gruesas que suman todos los años aquel peligroso paso. A esta necesidad presta una gran ayuda los extensos bosques de aquella zona, que cuentan entre sus árboles con más de doscientas especies madereras.

Pilar con sus barrios suma 4.431 almas de las que tributan 2.025. Ascendieron a 206 los bautizos, veintidós los casamientos y noventa y cinco las defunciones. Asisten unos 130 niños a las escuelas hablando el español diez. Hay radicados cinco europeos y tres chinos. Su criminalidad representa cinco procesados.

Encendida la pequeña caldera del «Catalina», hicimos las 17 millas que separan a Pilar de Castilla en tres horas, principiando en este pueblecito el partido de Sorsogon que como ya dejamos dicho lo componen los pueblos de Castilla, Magallanes, Bulan, Matnog, Bulusan, Barcelona, Gubat, Casiguran, Juban, Sorsogon, Bacon y Manito.

La fundación de Castilla data de gran antigüedad, conociéndose con el nombre de Capuy que significa desfallecimiento. Tal vez se daría este nombre por lo penoso del camino desde la cabecera al antiguo sitio de Castilla pasando por el Tolon-puló, o sean los treinta montes que separan un lugar de otro. El cansancio o desfallecimiento que ha de originar esta caminata justifica el nombre de Capuy.

Castilla confina con Pilar Sorsogon, Albay y Manito: tiene cuatro barrios, formando una población entre estos y el pueblo de 2.121 almas, tributando 1.001. Ascendieron los bautizos a noventa y dos, veintitrés los casamientos y treinta las defunciones. Asisten a las escuelas setenta y cinco niños, no conociendo ninguno el español. Hay dos europeos y cuatro chinos. Los productos de Castilla son los mismos que ya dejamos relacionados. Ni en obras ni en historia tiene aquel nada notable que de contar sea.

Poco más de una hora de buena boga separa a Castilla de Magallanes. Este pueblo también se llama Pariná, nombre de un árbol muy corpulento, recto y de mucha consistencia que abunda en aquel terreno.

Este pueblo situado a la entrada de la gran ensenada de Sorsogon, fue antiguamente centro de vida y movimiento. En aquella playa existió un magnífico astillero, en cuyos talleres se construyeron no pocos barcos de altura, y entre ellos la «María Rosario», de imperecedera memoria para el autor de estas líneas.[10] En la época en que visitamos Magallanes no existía en aquel lugar de actividad más que soledad y compactas malezas que medio ocultaban los carcomidos pilotes que en otros tiempos sostuvieron las quillas de cientos de barcos. Procedente de alguna de las naves que dieron fondo en el astillero de Magallanes, se conservaba en la semiderruída plataforma de un fuerte un curioso escudo de armas de Castilla toscamente talladas y pintadas sobre tabla.[11]

Magallanes con sus barrios cuenta 2.727 almas de las que tributan 1.278. Su censo parroquial anotó 108 bautizos, veinte casamientos y treinta y cinco defunciones. De los 100 niños que van a las escuelas solo catorce conocen medianamente el español. Hay radicados tres chinos, figurando su criminalidad con dos procesados.

Bulan se encuentra en el seno de Sorsogon, confinando con Magallanes, en donde embarcamos, tardando en arribar al pantalán de Bulan poco más de tres horas.

Bulan está situado en la playa sobre la punta Saban, en terreno desigual, a la orilla izquierda del río de su nombre teniendo al E. a Bulusan y Magallanes con Matnog al SE., con el mar por S. y por O. y por N. con Juban y Casiguran. Tiene extensos montes por la parte O. y en ellos se producen excelentes maderas de construcción. También se encuentra

10 Véase el viaje de «Manila a Marianas».
11 Figura en la Exposición Filipina. (N. del A.)

en ellos mucha miel y cera. El río de Bulan nace en las cercanías del llamado Gate y dirigiéndose de E. a O. desagua al N. de la expresada punta de Saban. Los valles y cañadas de este territorio son sumamente fértiles y producen arroz, maíz, caña dulce, abacá, cocos y legumbres.

La población de Bulan con sus barrios la componen 7.855 almas, tributando 3.744. Su censo eclesiástico lo representa 258 bautizos, treinta y cuatro casamientos y sesenta y dos defunciones. Concurren a las escuelas unos 220 niños dé los que hablan muy medianamente el español veintitrés. Hay radicados nueve europeos y cuarenta y dos chinos. Su criminalidad la representa tres procesados.

De Bulan a Matnog invertimos seis horas escasas, haciendo muy cómodamente la travesía embarcados.

Preferimos el viaje por mar, porque ya en otra excursión tuvimos ocasión de «apreciarlo» por tierra, aconsejando a todo el que tenga necesidad de trasladarse de Bulan a Matnog lo haga por agua aun cuando haya temporal y corra el riesgo de ahogarse. Por tierra hay que flanquear el monte Bulusan en donde se alza el volcán de su nombre, y a más de este «flanqueo», que es un verdadero quebrantahuesos, no se sale del bosque, cuando se sale, pues se dan casos, en menos de doce horas. Ni existe camino, ni senda, ni vereda, ni nada que lo valga.

El bolo del indio para abrir trocha donde la maleza se estrecha, y la práctica del maderero que constantemente vive entre aquella exuberante y salvaje naturaleza, son los auxiliares a quienes hay que entregarse en absoluto; y vamos, que repito, por lo que valga, prefiérase el viaje por mar, y si se hace por tierra aprovéchese el capricho que pudiera tener de verificar esa expedición, algún Obispo o Gobernador en cuya compañía se viaja siempre bien en Filipinas.

Matnog se deriva de «matanog», que significa ruido, sonoridad. Sin duda se le llamó así por el monótono y triste gemir que produce en aquellos mares al romper en la playa.

Confina aquel pueblo por NE., con Bulusan, y por O. con Bulan: distando del primero 29 kilómetros y 32 del segundo, la mayor parte de bosque. Está situado en el Estrecho de San Bernardino, que lo separa de las costas de Samar.

Matnog, con sus barrios, cuenta 3.435 almas, de las que tributan 1.511. Se inscribieron 147 bautizos, treinta y cinco casamientos y cincuenta y cuatro defunciones. Ninguno de los 120 niños que asisten a las escuelas hablan español. Hay radicados tres chinos.

En nuestra corta estancia en Matnog nos hospedamos en casa de Ubaldo, Gobernadorcillo irreemplazable en aquel pueblo, morada de gente díscola y perezosa. Frente a la espaciosa y limpia casa de Ubaldo, enclavada en la playa, se alza, cual un verdadero canastillo de flores, la islita Ticlines.

De Matnog a Bulusan hay, por tierra, 29 kilómetros, haciéndose el viaje en hamaca. A la mitad del camino encuéntrase la visita de Busainga, en donde puede descansarse.

Bulusan significa el sitio por donde corre el agua, y su raíz, «bulus», el acto de correr o despeñarse.

Este pueblo fue visita de Casiguran hasta el año 1630, en cuya época fue separado de su matriz. Está situado en el Estrecho de San Bernardino, frente a la isla de Samar. Linda al N. con Barcelona, al S. con Matnog, al O. con Bulan y al E. con las aguas del estrecho.

La primera iglesia que se erigió, bajo la advocación de Santiago Apóstol, fue construida de caña y nipa, dejando los franciscanos la administración espiritual el año 1696. Por decreto del vicepatrono se encargaron nuevamente de ella en el año 1768, en cuya época contaba con 410 tributos y una pobre iglesia.

Los franciscanos construyeron en el siguiente año un hermoso templo de piedra, bajo la dirección de frey Pedro de Villamediana. Este edificio lo destruyó un temblor, quedando de él solo los cimientos. El clero secular es el encargado de la parroquia de este pueblo desde el año 1794.

En la jurisdicción de Bulusan se encuentra el volcán de su nombre, situado en los 127° 42' 30" longitud, y los 12° 46' 40" latitud en la cumbre de una elevada montaña, cuyo pico parece contesta en altura al que en la misma cordillera presenta al NO. el Mayon. El volcán de Bulusan está casi apagado, habiendo en otro tiempo contribuido a las violentas convulsiones que han agitado esta parte de la isla. Del monte o pico de Bulusan se desprenden: al S., los ríos Caman, Rampas y Dinaraso, cuyas aguas se convierten, reunidas al NO., y van al puerto de Sorsogon.

El volcán Bulusan parecía extinguido hacía mucho tiempo, sin embargo de que en 1852 empezó a dar señales de alimentarse el fuego en sus entrañas. Según mister Jagor, este volcán se asemeja de un modo admirable al Vesubio; como este, tiene dos picos: al O., una cima redondeada en forma de campana; al E., como resto de una cumbre anular, una alta cresta dentellada, parecida al monte Somma: en sus vertientes se nota bien la estratificación paralela. Como en aquel, el cono de erupción está en medio del antiguo muro del cráter; el espacio que les separa de la valla montañosa situada enfrente, o sea el piso del antiguo cráter, es considerablemente mayor y mucho más desigual que el «Atrio del Caballo», en el Vesubio. ¡Desgraciado del barrio de San Miguel si «despierta» el coloso! Dependen del pueblo de Bulusan los barrios de Talaonga, San Roque, Buhang, Malabago, Mombon y San Miguel. Este último dista de su matriz 16 km. y tiene mas de 2.000 almas, cifra que, unida al demás vecindario que compone el pueblo, suman un total de 6.592, de las que tributan 3.231. Se verificaron 372 bautizos, ochenta y siete casamientos y 128 defunciones. Solo quince niños entienden algo el español de los 245 de ambos sexos que concurren a las escuelas. Hay radicados dos europeos y cuarenta y cinco chinos. La estadística criminal solo registra un procesado.

En Bulusan, como en la mayor parte de los pueblos playeros del estrecho hay no afición, sino fanatismo por el gallo y sus peleas, de las que dice un notable escritor. «En Filipinas la pasión por los juegos de gallos es un verdadero delirio, y ninguna ley puede hacer variar el número y duración de las riñas que producen tal carnicería en los combatientes que bien puede dársele el calificativo de inhumana. En otros puntos suelen afilar los espolones de los gallos, pero en Filipinas se les arma de navajas,[12] y la casualidad más bien que la destreza, decide la cuestión. Mueren todos los días una infinidad de gallos, pero no por eso se disminuye su número, pues difícilmente se encontrará un pueblo que no cuente con más gallos que habitantes. En el puente grande de Manila, y entre cuatro y cinco de la mañana se oyen por todas partes, a todas distancias, y en todas direcciones, miles de «penetrantes trompetas», pareciéndose a un cordón de señales que pasa de boca en boca, desde el pueblo de Bangui en Ilocos Norte, hasta el de Matnog, situado en la punta Sur de Albay. Hay gallos en cada casa, en cada rincón, al pié de cada árbol, a lo largo de los muelles y playas, en la proa de cualquier barco de cabotaje, y como si todo esto no fuera bastante, se encuentran además esculpidos y pintados con carbón en las paredes.

Es considerada por el indio como una falta de cortesía el tocar a un gallo de pelea, y siempre se solicita permiso del

---

12 En la instalación que tiene el autor de estas líneas en la Exposición filipina figura una colección completa de estas navajas.

dueño para examinarlo. El gallo es objeto de muchísimos cuidados y caricias; come, canta y duerme en los brazos de su amo; no se aparta de su pensamiento,

y hasta lo he visto celebrado en verso en les términos más afectuosos. Cuando ha salido victorioso repetidas veces en la pelea, es sujeto a un minucioso examen con el fin de descubrir por sus señales exteriores lo que puede caracterizar su mérito: se le cuentan las escamas de los pies, se observa su figura y distribución, la tendencia e inclinación de los círculos de los espolones, y si estos se asemejan uno a otro, la forma de los dedos y uñas, y el número y colores de las plumas de las alas, siendo once el favorito. Los ojos blancos son preferibles en el gallo a los castaños, y son buscados los de cresta corta. A cada gallo se le nombra con relación al color de su pluma: al blanco le llaman «puti»; al rojo «pula; talisain» al blanco con pintas negras; al de cuerpo rojo, cola y alas negras «bulic» o «taguiguin»; al negro, «casilien» o «maitin»; blanco y negro, «bínabai» al ceniciento «abuen»; al blanco y negro, con patas de este último color «tagaguin», y así otros muchos. Al gallo silvestre le llaman «labuyo».»

Muchos y buenos artículos, en broma y en serio, hay escritos sobre los gallos filipinos y sus peleas, destacándose entre todos ellos, según mi pobre opinión, por el sabor local de sus apreciaciones, el firmado por el padre Buceta, no pudiendo resistir a la tentación de transcribir algunas líneas. El indio, dice aquel escritor, tiene una pasión inveterada por este juego, que ocupa el primer lugar entre sus diversiones. El gallo es el principal objeto de su cuidado, su compañero asiduo y lo lleva hasta la puerta de la iglesia, en donde lo deja atado a un palo de caña clavado en tierra, hasta que termina la misa. Por ningún dinero se desprende de su gallo favorito, y algunos poseen hasta media docena de estos inapreciables tesoros, a cuyo servicio se les ve exclusivamente dedicados.

Para estas riñas, cada pueblo tiene su gallera, que produce al Gobierno una renta bastante considerable. Las galleras son grandes edificios construidos de troncos de palmas, caña y nipa, y se reducen a un gran salón a que dan luz varias ventanas abiertas en el techo. En el centro se halla un tablado de unos 5 pies de elevación y rodeado de galerías de caña, a las que llegan los espectadores y pagan con arreglo a la proximidad y conveniencia de los asientos. Las galleras, por lo general, se encuentran llenas de concurrentes. El indio entra con su gallo bajo el brazo, le acaricia y le coloca en el suelo, le vuelve a coger, le acaricia con la mano, le dirige la palabra, le echa el humo de su cigarro, le estrecha contra su pecho, y por fin le dice que pelee con bravura. El gallo generalmente entonces canta como con orgullo y desafiando al enemigo. Se presenta el rival: se les ata a ambos un cuchillo o navaja de dos filos al espolón natural, y después de hacer que por algún tiempo se miren uno a otro, se da la señal de principiar el combate, notándose entonces extraordinaria agitación en la concurrencia, hasta que un alguacil anuncia que está terminada o cerrada la puesta: a cuyo anuncio se sigue un silencio universal. Los dueños de los gallos se retiran a otra señal, y los combatientes se contemplan con las plumas erizadas, mueven la cabeza y se arrojan uno sobre otro, continuando la riña hasta que uno de ellos cae mortalmente herido. El vencedor se echa sobre él y canta en señal de victoria, no siendo extraño que el herido se levante y se vuelva contra su enemigo, y si este huye, como sucede algunas veces, pierde y es condenado a ignominiosa muerte, desplumándole y colgándole de esta suerte fuera de la gallera. Las heridas del que sobrevive son lavadas con infusión de hojas de tabaco en vino de coco, teniéndose desde este momento en gran estima para apostar en su favor: pero si queda inútil para nueva refriega, es cuidado cariñosamente por su dueño, habiendo mediquillos y casas a propósito donde se dedican a curar sus heridas.

Es de advertir, como ya se ha indicado que el juego o mejor dicho la «matanza» del gallo, constituye en Filipinas un vicio estancado, cuyo desarrollo lo explota el Estado concediendo el monopolio de abrir galleras en sitios, días y horas determinadas al mejor postor. Quizás, y sin quizás uno de los más fuertes alicientes de esa afición está en su misma restricción, pues los indios y chinos que juegan al gallo, humanos son, y como humanos experimentan la picazón que exacerba toda privación.

Tanto la organización de las galleras como las reglas y prescripciones del juego, están consignados en un reglamento a que se sujetan sin comentarios los «tahúres» como allí llaman a los más asiduos y empedernidos concurrentes a aquellos sangrientos «gallicidios».

Es tal la veneración que tiene el indio por su gallo, que creería cometer una profanación si verificada la riña apelase a malas artes para anular el fallo que da el sentenciador que en representación de la autoridad asiste a las galleras.

Capítulo XIX. De Bulusan a Barcelona

Situación y estadística. Gubat. Censo civil y parroquial. Casiguran. Su etimología. Campos y productos. Minas de azogue. Estadística. Juban. Sus límites y población. Sorsogon. Puerto. Iglesia y convento. Su población. Bacon. Estadística. Su párroco. Isla de Bataan. Minas de carbón. Laguna de las Lágrimas. El canto del calao. Manito. Su población. Resumen. Retorno a la cabecera. Últimos recuerdos

De Bulusan a Barcelona hay 15 km. de regular camino. Este pueblo le denominan no pocos indios con el nombre de Danlong, así llamado un árbol cuya corteza hace fermentar la tuba del coco.

Barcelona linda por N. con Gubat; por O., con Casiguran; por S. con Bulusan, y por E., con el Estrecho, en cuya playa se asienta. Estas costas fueron muy castigadas por las piraterías, y efecto de esto el ver por doquier restos de antiguos baluartes, de los que se encuentran en los alrededores de Barcelona no pocos.

Cuenta aquel pueblo 3.685 almas, de las que tributan 1.507. A 195 ascendieron los bautizos, a sesenta y dos los casamientos y a cincuenta y un las defunciones. Asisten 100 niños a las escuelas, no conociendo ninguno el español. Hay radicados dieciséis chinos.

Gubat es el inmediato pueblo, encontrándose de Barcelona a 7 km. de buen camino. La doble significación de aquella palabra ya se dejó consignada al hablar de Guinobatan. Linda al N. con Bacon, al S. con Barcelona, al O. con Sorsogon y al E. con la mar.

Gubat con sus barrios contiene 8.530 almas, de las que tributan 4.409. Su censo parroquial registró 541 bautizos, 133 casamientos, y 160 inhumaciones. Asisten a las escuelas 160 niños, no hablando ninguno el español. Hay radicados dos europeos y treinta y seis chinos. Su criminalidad la define un procesado.

De Gubat a Casiguran hay 21 km. de mediano camino, encontrándose en el comedio de aquel la visita de San Juan. Confina con Juban, Bulusan, Gubat y el Estrecho.

Casiguran se deriva de «casugudan», cuya raíz es «sugud», que significa esquina o canto, y también el punto más saliente de la rada o ensenada. Sugud anteponiéndole la partícula «ca», y posponiéndole la de «an» resulta «casugudan», que es pluralidad de cantos, esquinas, o la parte más avanzada de la ensenada.

En los campos de este pueblo, como en los de aquella provincia, se ve por doquier el abacá, plátano que lo mismo crece en el bosque, que en la montaña, que en el llano, predominando en las ocupaciones de aquellos habitantes el beneficio de dicha planta, base y fundamento de la gran riqueza de la provincia.

En las cercanías de Casiguran y en su parte S. se hicieron en 1848 algunos infructuosos trabajos en busca del azogue, cuya presencia denuncia no pocas vetas de cinabrio.

El vecindario de este pueblo ascendía a 3.056 almas, de las que tributaban 1.206. Se registraron 238 bautizos, cincuenta y ocho casamientos y 118 defunciones. Asistieron a las escuelas noventa niños, de los que solo dos hablaban el español. Hay radicados dieciocho chinos y dos europeos.

Juban está a un paseo de Casiguran, pues que solo lo separa 5 km. de buen camino. Confina con aquel pueblo y con los de Sorsogon, Magallanes, Rulan y visita de San Miguel. Está situado a un cuarto de hora de la mar en terreno llano, formando su caserío doce calles regularmente trazadas. En su jurisdicción se encuentran cinco barrios, entre ellos, el de Santa Rosa, sito en la pintoresca islita de Sablaya.

Riegan su jurisdicción no pocos ríos, habiendo en las márgenes del Caducan manantiales termales.

El vecindario de Juban asciende a 3.122 almas, de las que tributan 1.666. Se registraron 150 bautizos, cuarenta y dos casamientos y treinta y nueve defunciones. Asisten a las escuelas unos 100 niños, hablando veinticuatro medianamente el español. Hay radicados siete europeos y catorce chinos.

El pueblo que da nombre al partido se halla a continuación de Juban, separándole de este 5 millas.

Sorsogon se deriva de sogsogon, cuya raíz, «sogsog», significa vadear, razón por la que al río, laguna o canal vadeable se dice: «Salog, danao o dagat na sagsogon.»

Sorsogon linda con Bacon, Juban, Gubat y Casiguran. Se fundó en 1626, y fue cabecera de la provincia hasta 1767. Está situado entre dos riachuelos que van a desaguar al puerto del mismo nombre que el pueblo; ese se halla próximo a su playa, en terrero llano y clima templado. Son fértiles sus tierras por las que corren numerosos ríos; al NO. del pueblo se eleva el pico de Sorsogon, que dista poco más de una legua. Produce arroz, maíz, algodón, abacá, legumbres y frutas.

El puerto de Sorsogon, comprendido entre los 127° 27' longitud, 127° 41' ídem, 12° 50' latitud, y 12° 38' 50" ídem, es muy seguro y tiene de bojeo unas 14 leguas y de largo 4 1/2. A la derecha de su entrada se hallan las islas de Poro y Malacimbo.

Sorsogon tiene buen caserío, siendo de notar la iglesia y convento, habitado, en la época que visitamos el pueblo, por un cura indígena de notable ilustración. Entre el convento y las opulentas casas de los señores Granados y Santos, pasamos el tiempo que permanecimos en aquel pueblo, de gran movimiento mercantil. Su puerto exporta todos los años muchos miles de fardos de abacá, cuyo filamento es prensado en los almacenes que allí se encuentran.

Sorsogon comprende un total de 9.804 almas, de las que tributan 4.659. A 422 ascendieron el número de nacimientos, cincuenta y siete los casamientos y 223 las defunciones. Solo diez niños de los 170 que asisten a las escuelas conocen medianamente el español. Hay radicados cinco europeos y cuarenta y ocho chinos.

De Sorsogon a Bacon fuimos en una magnífica carretela del señor Santos. Este camino, en el que invertimos una hora, está muy bien conservado.

Bacon es un rico pueblo situado en la contracosta de Sorsogon. Tiene 12.151 almas, de las que tributan 5.444. Ascendieron a 403 sus nacimientos, 113 los casamientos y 151 las defunciones. Asisten a las escuelas 320 niños, de los que solo hablan el español cinco. Hay radicados siete europeos y treinta chinos. Su criminalidad está representada por tres procesados.

En Bacon nos esperaba una espaciosa embarcación, en la que habíamos de retornar a Legaspi. Antes de abandonar el pueblo, cumplamos con el deber de consagrar un cariñoso recuerdo a su ilustrado párroco, don Santiago Ojeda, sacerdote indígena, de grandes virtudes y no escasos conocimientos.

De Bacon depende la isla de Batan, en la que se han gastado grandes caudales por una empresa particular, en la explotación de unas minas de carbón de piedra que hubo que abandonar por no tener el mineral la densidad debida.

En la travesía de Bacon a Manito, nos llamó la atención una columna de humo que perezosamente y cual si fuera una compacta bruma se elevaba en la costa. Pregunté al patrón y me dijo que aquel humo procedía de solfataras parecidas a las de Tiui: en vista de tal noticia, mandó poner proa al sitio donde salía el humo.

Atracamos a los pocos minutos, merced a los bicheros que hicieron presa en aquellos fondos madrepóricos y saltamos no sobre tierra, y sí sobre desdentadas masas acantiladas. A pocos pasos de la costa principia el bosque en el que muy laboriosamente fuimos internándonos gracias a los bolos de toda la gente de los botes. El humo era nuestro guía. A las dos horas de no pocos trabajos entramos en un claro. Pocos panoramas he presenciado en mi vida más imponentes, que el que mostró ante mi vista aquel anfiteatro cercado de colosales árboles, a cuyos troncos se extendía un lago de aguas rojizas en ebullición. Con no pocas precauciones para evitar quemaduras tratamos de sondar aquellas aguas, siendo nuestros ensayos infructuosos. El volcán Mayón tiene no pocas válvulas, y seguramente las más importantes son las de Tiui y Manito. El color de las aguas de esta última, la producirán las materias colorantes del terreno, combinadas con las descomposiciones que aquellas altas temperaturas producen en los vegetales tintóreos. El siniestro silencio de aquellas soledades, solo interrumpido por el canto del «calao», anunciando las horas del día, con la regularidad de un cronómetro inglés, el aspecto fantástico de aquellas rojas aguas, en las que reproducen sus contornos, los seculares árboles que resguardan aquella maravilla, forman un todo tan imponente y majestuoso, que parece cual si se animasen y tomasen vida y contornos las vertiginosas descripciones que salieron de la divina pluma del Dante. Al abandonar aquellas hirvientes aguas las bautizamos gravando en el añoso tronco de un árbol con la punta del bolo, «Laguna de las lágrimas».

De la Laguna de las lágrimas a Manito, solo hay 3 millas. Este pueblecito es el último de los que forman el partido de Sorsogon. Tiene 1.719 almas tributando 801. Se inscribieron en los libros canónicos cuarenta y seis bautizos, ocho casamientos y diecinueve defunciones. Asisten cincuenta niños a las escuelas habiendo solo dos que entendieran el español. Hay radicados cuatro chinos.

De Manito regresamos a Legaspi, y de allí nos trasladamos a la cabecera.

Resumiendo todos los datos estadísticos que hemos dado al detalle, resulta que la provincia de Albay en 1878 tenía 238.220 almas, de las que tributaban 113.813. En dicho año según las estadísticas que galantemente me facilitaron los párrocos, se inscribieron en sus libros 11.094 nacimientos, 2.150 casamientos y 5.416 defunciones. Como se ve el número de nacidos supera al de difuntos en más de un 50 %. Según los datos minuciosamente recogidos en la inspección de instrucción pública de aquella provincia, asistieron a sus escuelas, aquel año, por término medio 5.416 niños de ambos sexos, de los que solo hablaban medianamente el español 495. Europeos y americanos radicados en aquellos pueblos sumaban 127 y 646 los chinos. La criminalidad registra un total de 158 procesados, siendo 152 varones y seis hembras. De este total sabían leer y escribir cuarenta.

Réstame solo decir que mi amigo Luís se retornó a Manila antes de emprender el viaje por la provincia de Albay, asustado ante la idea de llegar, no a dejar de comer pan francés y sí a no comerlo «castila». La perspectiva de las «bolas» de morisqueta, «sabroso» pan del indio, se le atragantaron antes de probarlas, poniendo en su vista proa a la mural ciudad. A Enriqueta, le cumpliré mi palabra mandándole el primer ejemplar que salga de la imprenta: el Reverendo padre a quien tuve ocasión de tratar sigue soltando nudos a su cordón, gastando fósforos, y hablando por supuesto en ... bicol. En cuanto al alegre capitán del «Sorsogon», me lo encontré vegetando en Barcelona con la nostalgia propia del que vive lejos de las Islas Filipinas, después de haber residido en ellas muchos años. El «Sorsogon» corrió la suerte de todos los barcos que navegan en el Archipiélago. Lo sepultó la furia de un tifón.

Fin

Libros a la carta

A la carta es un servicio especializado para
empresas,
librerías,
bibliotecas,
editoriales
y centros de enseñanza;
y permite confeccionar libros que, por su formato y concepción, sirven a los propósitos más específicos de estas instituciones.

Las empresas nos encargan ediciones personalizadas para marketing editorial o para regalos institucionales. Y los interesados solicitan, a título personal, ediciones antiguas, o no disponibles en el mercado; y las acompañan con notas y comentarios críticos.

Las ediciones tienen como apoyo un libro de estilo con todo tipo de referencias sobre los criterios de tratamiento tipográfico aplicados a nuestros libros que puede ser consultado en Linkgua-ediciones.com .

Linkgua edita por encargo diferentes versiones de una misma obra con distintos tratamientos ortotipográficos (actualizaciones de carácter divulgativo de un clásico, o versiones estrictamente fieles a la edición original de referencia).

Este servicio de ediciones a la carta le permitirá, si usted se dedica a la enseñanza, tener una forma de hacer pública su interpretación de un texto y, sobre una versión digitalizada «base», usted podrá introducir interpretaciones del texto fuente. Es un tópico que los profesores denuncien en clase los desmanes de una edición, o vayan comentando errores de interpretación de un texto y esta es una solución útil a esa necesidad del mundo académico.

Asimismo publicamos de manera sistemática, en un mismo catálogo, tesis doctorales y actas de congresos académicos, que son distribuidas a través de nuestra Web.

El servicio de «libros a la carta» funciona de dos formas.

1. Tenemos un fondo de libros digitalizados que usted puede personalizar en tiradas de al menos cinco ejemplares. Estas personalizaciones pueden ser de todo tipo: añadir notas de clase para uso de un grupo de estudiantes, introducir logos corporativos para uso con fines de marketing empresarial, etc. etc.

2. Buscamos libros descatalogados de otras editoriales y los reeditamos en tiradas cortas a petición de un cliente.

LK

www.ingramcontent.com/pod-product-compliance
Lightning Source LLC
La Vergne TN
LVHW091217080426
835509LV00009B/1045